"十三五"国家重点出版物出版规划项目

知识产权经典译丛（第5辑）

国家知识产权局专利局复审和无效审理部◎组织编译

国家出版基金项目
NATIONAL PUBLICATION FOUNDATION

知识产权精要：
法律、经济与战略（第2版）

［美］亚力山大·I. 波尔托拉克（Alexander I. Poltorak）
［美］保罗·J. 勒纳（Paul J. Lerner）　　　　　◎著

王　肃◎译

李尊然◎审校

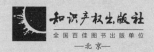

知识产权出版社
全国百佳图书出版单位
——北京——

图书在版编目（CIP）数据

知识产权精要：法律、经济与战略：第 2 版/（美）亚力山大·I. 波尔托拉克，（美）保罗·J. 勒纳（Paul J. Lerner）著；王肃译. —北京：知识产权出版社，2020.1

书名原文：Essentials of Intellectual Property：Law，Economics，and Strategy Second Edition

ISBN 978 − 7 − 5130 − 6382 − 1

Ⅰ. ①知⋯ Ⅱ. ①亚⋯ ②保⋯ ③王⋯ Ⅲ. ①知识产权—研究 Ⅳ. ①D913. 404

中国版本图书馆 CIP 数据核字（2019）第 262255 号

内容提要

本书从知识产权的类型及其保护切入，详细论述了在当下商业环境中知识产权管理（投资组合、使用竞争情报、知识产权评估等）的基本原则和实现其价值的方法，指出业务经理及董事在知识产权事务上的职责，提出并分析了知识产权实施中的关键问题（策略的制定、律所的选择、成本、诉讼风险等），也涉及专利法改变和演变方式。

读者对象：关注知识产权法律、战略及商业价值的公司管理者、业务主管和会计，知识产权商业法律实践的研究者和从业者。

责任编辑：卢海鹰　可　为　　　　　　　责任校对：王　岩

装帧设计：卢海鹰　可　为　　　　　　　责任印制：刘译文

知识产权经典译丛

国家知识产权局专利局复审和无效审理部组织编译

知识产权精要：法律、经济与战略（第 2 版）

［美］ 亚力山大·I. 波尔托拉克（Alexander I. Poltorak）　　　　　著

［美］ 保罗·J. 勒纳（Paul J. Lerner）

王　肃 译

李尊然 审校

出版发行：知识产权出版社 有限责任公司		网　　址：http：//www. ipph. cn	
社　　址：北京市海淀区气象路 50 号院		邮　　编：100081	
责编电话：010 − 82000860 转 8335		责编邮箱：keweicoca@ 163. com	
发行电话：010 − 82000860 转 8101/8102		发行传真：010 − 82000893/82005070/82000270	
印　　刷：三河市国英印务有限公司		经　　销：各大网上书店、新华书店及相关专业书店	
开　　本：720mm × 1000mm　1/16		印　　张：13.75	
版　　次：2020 年 1 月第 1 版		印　　次：2020 年 1 月第 1 次印刷	
字　　数：250 千字		定　　价：88.00 元	

ISBN 978 -7 -5130 -6382 -1

京权图字：01-2019-5110

总 序

当今世界，经济全球化不断深入，知识经济方兴未艾，创新已然成为引领经济发展和推动社会进步的重要力量，发挥着越来越关键的作用。知识产权作为激励创新的基本保障，发展的重要资源和竞争力的核心要素，受到各方越来越多的重视。

现代知识产权制度发端于西方，迄今已有几百年的历史。在这几百年的发展历程中，西方不仅构筑了坚实的理论基础，也积累了丰富的实践经验。与国外相比，知识产权制度在我国则起步较晚，直到改革开放以后才得以正式建立。尽管过去三十多年，我国知识产权事业取得了举世公认的巨大成就，已成为一个名副其实的知识产权大国。但必须清醒地看到，无论是在知识产权理论构建上，还是在实践探索上，我们与发达国家相比都存在不小的差距，需要我们为之继续付出不懈的努力和探索。

长期以来，党中央、国务院高度重视知识产权工作，特别是十八大以来，更是将知识产权工作提到了前所未有的高度，作出了一系列重大部署，确立了全新的发展目标。强调要让知识产权制度成为激励创新的基本保障，要深入实施知识产权战略，加强知识产权运用和保护，加快建设知识产权强国。结合近年来的实践和探索，我们也凝练提出了"中国特色、世界水平"的知识产权强国建设目标定位，明确了"点线面结合、局省市联动、国内外统筹"的知识产权强国建设总体思路，奋力开启了知识产权强国建设的新征程。当然，我们也深刻地认识到，建设知识产权强国对我们而言不是一件简单的事情，它既是一个理论创新，也是一个实践创新，需要秉持开放态度，积极借鉴国外成功经验和做法，实现自身更好更快的发展。

自 2011 年起，国家知识产权局专利复审委员会*携手知识产权出版社，每年有计划地从国外遴选一批知识产权经典著作，组织翻译出版了《知识产权经典译丛》。这些译著中既有涉及知识产权工作者所关注和研究的法律和理论问题，也有各个国家知识产权方面的实践经验总结，包括知识产权案

---

* 编者说明：根据 2018 年 11 月国家知识产权局机构改革方案，专利复审委员会更名为专利局复审和无效审理部。

件的经典判例等，具有很高的参考价值。这项工作的开展，为我们学习借鉴各国知识产权的经验做法，了解知识产权的发展历程，提供了有力支撑，受到了业界的广泛好评。如今，我们进入了建设知识产权强国新的发展阶段，这一工作的现实意义更加凸显。衷心希望专利复审委员会和知识产权出版社强强合作，各展所长，继续把这项工作做下去，并争取做得越来越好，使知识产权经典著作的翻译更加全面、更加深入、更加系统，也更有针对性、时效性和可借鉴性，促进我国的知识产权理论研究与实践探索，为知识产权强国建设作出新的更大的贡献。

当然，在翻译介绍国外知识产权经典著作的同时，也希望能够将我们国家在知识产权领域的理论研究成果和实践探索经验及时翻译推介出去，促进双向交流，努力为世界知识产权制度的发展与进步作出我们的贡献，让世界知识产权领域有越来越多的中国声音，这也是我们建设知识产权强国一个题中应有之意。

申长雨

2015 年 11 月

作者简介

亚力山大·I.波尔托拉克（Alexander I. Poltorak），通用专利公司（General Patent Corporation，GPC）的创始人、董事长和首席执行官。GPC 是一家专注于专利授权及实施知识产权战略和估值的知识产权管理公司，总部设在纽约的萨芬（Suffern）。他还是知识产权控股有限公司（IP Holdings LLC）的董事总经理，该公司是一家以知识产权为中心的商业银行组织，提供与知识产权相关的金融、经纪和咨询服务。他是非营利性行业组织"美国专利改革创新者"的创始人和主席，同时是一名认证授权专家（CLP）。

波尔托拉克博士曾担任康奈尔大学医学院神经内科的生物数学助理教授，是托洛（Touro）学院的物理学助理教授，也是环球理工学院的法学副教授，曾在哥伦比亚大学商学院和工程学院担任知识产权法和经济学客座讲师。他拥有俄罗斯库班州立大学的理论和数学物理研究生学位。他因为广义相对论的研究而被授予博士学位。

除了《知识产权精要：法律、经济与战略》之外，波尔托拉克博士还与人合著了《知识产权许可》（John Wiley & Sons，2004），并为创新支付知识产权转化为股东价值贡献了一章（John Wiley & Sons，2006）。他还撰写或共同撰写了许多关于知识产权的文章，这些文章发表在《华盛顿时报》《基督教科学箴言报》《专利战略与管理》《美国风险投资》《发明家文摘》等出版物上。他曾在专利战略与管理顾问委员会任职。他是美苏贸易与经济顾问委员会信息交流小组委员会的美方联合主席。

保罗·J.勒纳（Paul J. Lerner），GPC 的高级副总裁兼总法律顾问。在加入 GPC 之前，勒纳先生是康涅狄格州哈特福德佩佩与哈泽德有限公司（Pepe & Hazard LLP）商业律师事务所的合伙人。他曾领导过奥林公司（Olin Corporation）、百得公司（Black & Decker Corporation）以及跨国电气建筑巨头艾波比（Asea Brown Boveri）等公司的知识产权法律部门。

在从事法律职业之前，勒纳是芝加哥伊利诺斯理工学院的项目经理，他管理着一个技术转让和技术预测团队。他拥有普渡大学航空工程学士学位、洛约拉大学工商管理硕士学位、德保罗大学法学博士学位以及约翰马歇尔法学院法学研究生学位。目前，勒纳先生是一名注册专利律师和纽黑文大学知识产权副教授。

　　除了《知识产权精要：法律、经济与战略》之外，保罗·J. 勒纳还与亚力山大·I. 波尔托拉克合著了《知识产权许可》（John Wiley & Sons，2004），并共同撰写了许多关于知识产权的文章。

作者序
知识产权：新经济的货币

知识产权，也被简称为 IP，已经成为当今商界讨论最多的话题之一，但它仍然是最不为人所知的话题之一。简单地说，知识产权是由受法律保护的人类头脑和创造力的产物。它既无形又无体，它既不长也不宽也不高，没有重量也没有影子，它是无色、无嗅、无味的。

与有形财产一样，知识产权可以买卖和租赁；与有形财产一样，它也可能因粗心大意或疏忽而丢失或销毁。它是可保险的，可以用作抵押品。它可能是一时灵感的闪现，也可能是多年辛勤劳动的结果；它可能会在一瞬间丢失，或者永远继续存在。

然而，无论知识产权的其他特性如何，其的确具有经济价值，而且通常具有巨大的经济价值，尽管其价值经常被忽略和低估。在商界，它可能构成机遇，也可能构成威胁，这在很大程度上取决于谁拥有它。

人们常说知识就是力量。知识虽未言，但也是财富。事实上，在当今知识经济时代，知识产权往往是企业最重要的资产。截至 2009 年，无形资产占标准普尔 500 指数成分股公司总市值的 81%，是 20 年前的 2 倍多。

那些未能将知识产权置于企业议程首位的公司，现在充其量也只能注定失去竞争优势，在最坏的情况下，它们可能面临破产。正是因为这个，商人们应该对知识产权的性质和用途有一个基本的了解。

当企业或行业在正常的商业生命周期中运行时，知识产权提供了不同的机会（和不同的挑战）。它可能构成初创公司甚至新行业的基础，可以为成长型企业提供新产品、新服务。在成熟的行业中，它可以建立竞争优势，解释繁荣与衰退之间的差异，从而最终消亡。

直到最近，人们还认为知识产权只是少数工程师和科学家关心的问题（当然，专利律师也关心）。这种观点从来都不正确，现在基本上已经不可信了。实际上，市场营销和产品规划人员、工程师和产品设计师以及产品推广和广告人员都关心知识产权，或者应该关心知识产权。更不用说，企业董事会、首席执行官（CEO）、首席财务官（CFO）、企业家和其他业务经理都必须充分理解知识产权，并首先关注它。实际上，随着商业方法专利的出现和随后的爆炸式增长，现在几乎没有（如果有的话）不需要涉及知识产权的业务功能。

此外，法院日益认识到公司管理人员和董事在管理中应尽的注意义务，以及对公司知识产权的保护、有效利用和适当估价。

本书的序言定义了知识产权并描述了其用途，然后在第一章和第二章中向读者介绍各种类型的知识产权以及如何保护它们。

本书接下来将讨论知识产权的管理。有两章专门记录发明和知识产权投资组合管理（第三章）以及收集和使用竞争情报（第四章）。第五章确定了评估知识产权的各种方法，第六章讨论了实现这种价值的方法。

第七章讨论了业务经理在知识产权方面的职责，并提出了如何满足这些职责的指导方针。在第八章中，提出并分析了知识产权实施中涉及的关键问题，即实施策略的制定、律师事务所的选择与管理、成本、风险以及诉讼风险分析。第九章讨论了互联网和电子商务带来的知识产权问题。第十章讨论了专利组合可能对股票价格的影响。

最后两章专门讨论了专利法改变和演变的两种不同方式：第十一章描述了法院如何在一些里程碑式的案件中改变专利法，第十二章讨论了国会对专利制度提出的一些关键改革，以及如果专利改革法案通过，这些改革将对发明人和企业主产生什么影响。

再版前言

根据亚伯拉罕·林肯（Abraham Lincoln）的说法，人类历史上最为重要的三个进展是印刷术的完善、美洲大陆的发现以及专利法的出台。

印刷在时间和空间上为广泛传播思想打开了大门。美洲的发现向世界展示了广阔的资源大陆，并产生了一种独特的政府形式，这是世界历史上第一次人民自治。正如林肯所言，专利制度是为智慧之火浇上利益之油。

林肯对专利法的赞赏也反映出了乔治·华盛顿和美国其他创始人的观点。华盛顿作为最突出的宪法制定者在宪法文件中提出了一个简单的 32 字条款❶，这是两个多世纪以来美国进步的基础：

> 国会有权为促进科学及有用技术的发展，确保作者和发明人对其有关的作品和发现，享有一定期限的独占权。

这是宪法正文中唯一存在"权利"一词的地方，权利指的是言论自由、拥有枪支自由、向政府请愿自由以及不受强迫自证其罪等。这个权利后来被作为宪法修正案通过。

1790 年 1 月，华盛顿在第一次国情咨文中，要求国会颁布专利和版权法。

1790 年 4 月 10 日，美国颁布的第六部法律是专利法。1790 年 5 月 31 日颁布的第八部法律是版权法。在此之后，第一届国会制定了一项国家发展政策，其基础是激励创新、创造、投资以及专利和版权促进的知识共享。

专利法第 1 条第 8 款的高明之处在于，在授权国会制定知识产权法律的同时，它还鼓励国会修改这些法律，以适应一个国家不断发展的需要。正如所预期的那样，国会通常明智地修改了这些法律，但有时却没有。

美国人民的知识产权代表着社会和有创造力的个人之间的黄金契约，它鼓励人们分享他们的知识，以换取在一定时间内公开授予的专用权。这一契约是美国经济的基础。

尽管这些知识产权具有最根本的重要性，但大多数美国人，包括企业领导人、学者、商人、国会议员甚至大多数发明家，对于这些权利是什么以及如何

---

❶ The Congress shall have power to promote the progress of science and useful arts, by securing for limited times to authors and inventors the exclusive right to their respective writings and discoveries.

应用，都只有模糊的认识。

2002 年，亚力山大·I. 波尔托拉克（Alexander I. Poltorak）和保罗·J. 勒纳（Paul J. Lerner）出版了《知识产权精要：法律、经济与战略》。此书一经出版，便成为那些希望了解知识产权是什么以及如何最好地保护和实施自己知识产权的人的标准。

波尔托拉克是一位天才物理学家，22 岁时获得了博士学位。1982 年，他从苏联移民到美国，成为一名发明家，并成立了通用专利公司（General Patent Corporation，GPC），帮助发明家和公司保护他们的知识产权。

勒纳是一名航空工程师，拥有 MBA（工商管理硕士）和法律学位。在成为 GPC 的高级副总裁和总法律顾问之前，他曾领导过奥林公司（Olin Corporation）、百得公司（Black & Decker Corporation）和其他重要公司的知识产权部门。

此次更新还包括关于法院如何通过重新解释长期思考的规则和实践来改变专利法的新章节，并且它提供了对专利改革立法的最新分析。对发明家和大多数公司来说，幸运的是，国会拒绝在第 109 届、第 110 届和第 111 届会议上颁布。

这本修订版的《知识产权精要：法律、经济与战略》是一本写得很好、通俗易懂的知识产权信息简编，并附有精明的建议，我向所有对发明、创新、知识产权和国家发展感兴趣的人强烈推荐这本书。

帕特乔特

华盛顿，弗吉尼亚

2010 年 9 月 3 日

初版前言

在我写这篇文章时，美国专利商标局（USPTO）刚刚发布了 2001 年获得专利的前十大私营企业的年度报告。将 2001 年的专利数量与过去几年的专利数量进行比较后发现，在过去 10 年里，排名第一的专利申请数量增加了 2 倍多（IBM 自 1993 年以来一直居首），美国每年颁发的专利总数增加了近 65%；排名前十的所有知名电子公司所获得的专利比例从 7.5% 上升到 2001 年的近 10%。

令人着迷的统计数据，但它们背后是什么呢？简单地说，就是钱。每年，公司和个人［如已故的杰罗姆·勒梅森（Jerome Lemelson）］都以许可费的形式收取数十亿美元、日元和欧元，这些公司和个人拥有宝贵的知识产权，主要是专利。仅 2001 年 IBM 就在知识产权的相关支付方面获得近 20 亿美元，其中大部分是现金，而且几乎全部都是纯利润。佳能（Canon）、日立（Hitachi）、朗讯（Lucent）以及其他许多顶级专利持有者的研发投资都获得了可观的回报。还有软件公司甲骨文（Oracle）、微软（Microsoft），当然还有 IBM，它们的产品都是知识产权，受到全球版权保护，销售额达数十亿美元。

难怪世界各地规模各异的公司（在美国专利商标局的前十名中，有 8 家不是美国公司）正在密切关注获取和利用专利、版权、商标和其他知识产权。曾经是专利部门的领域，往往是公司的"死水"，现在得到了大多数首席财务官和首席执行官的充分关注。因为知识产权很少在法学院以外的地方教授，而且只对那些专注于法学领域的人开放，那么业务主管在哪里可以找到关于这种新现象的清晰、简洁和有用的简报呢？大多数法律书籍都以枯燥乏味的文笔、冗长的篇幅，涵盖了知识产权法的方方面面，但没有一个令人兴奋的潜在主题。亚力山大·I. 波尔托拉克（Alexander I. Poltorak）和保罗·J. 勒纳（Paul J. Lerner）所著的《知识产权精要：法律、经济与战略》令人钦佩地填补了这一空白。

这两位作者是通用专利公司（General Patent Corporation，GPC）的负责人，GPC 是一家富有想象力和成功经验的知识产权管理和许可公司。他们不仅了解这个主题，而且以一种彻底的、令人耳目一新的方式探索了其中的细微差别和漏洞。他们用通俗易懂的语言，通过系统地解释每一种知识产权的基本法律要素和商业价值，引导我们清晰地理解新经济的货币，并就如何获取、保护和部署这些创新成果提出有用的建议。

人们已经意识到，大多数知识产权，尤其是公司持有的知识产权，被低估且不受重视。由于知识产权通常不会反映在资产负债表上（目前有大量建议改变这一点），因此那些以资产为代表的负责提供投资回报的人普遍忽视了知识产权。然而，一旦这些有价值的资产被发现并被挖掘其潜力，回报就会非常丰厚。作者在《阁楼里的伦勃朗》（Rembrandts in the Attic）❶ 一书中提供了全面而有用的见解和指导，以有效识别、保护、利用和评估知识产权。

书中第七章探讨了企业高管和董事可能因知识产权管理不善而承担责任的问题，这一章发人深省。如果没有别的办法，对那些批准大笔资金收购知识产权却不知道该怎么做、为什么要这么做的人来说，这应该是一个警钟。如果这还不够，那么第十章"专利组合及其对股价的影响"应该能唤醒企业管理者。

波尔托拉克和勒纳为非律师业务主管提供了一个清晰实用的路线图，并没有指出必要的细节，但令人惊讶的是，他们以非常优雅和幽默的方式完成了这一工作。此外，附录中还包括一些示例表单，涉及从专利申请到示范许可协议的所有内容。

我对二人的敬意莫过于说："这是我希望我写的书。"

埃米特·J. 默萨

斯坦福，康涅狄格

2002 年 1 月 25 日

---

❶ RIVETTE K G. KLINE D. Rembrandts in the attic［M］. Boston：Harvard Business School Press，2000.

作者说明

    本书的目的是向业务主管介绍在商业环境中识别、保护和使用知识产权的基本原则。为此，主要概念和事实已被描述，作者试图说明这些概念和事实如何影响（实际上应该影响）决策，从制定日常程序到战略规划。当然，也仅是概括性的描述。

    本书各章所述的规则均有例外（毫无疑问，你的律师会很乐意为你列举这些例外）。此外，法律是一种有生命的、不断进化的创造物。游戏规则在不断变化——经常是在中场进行，有时是回溯性的。一知半解是危险的。在开始之前，请先与专业人士讨论相关事宜。

    本书仅做启示与参考，具体实践中仍要结合专业指导。

致 谢

作者对萨姆森·佛蒙特（Samson Vermont）表示衷心的感谢，他慷慨地提供了本书中引用的许多专利统计数据。

感谢为完成这项工作付出颇多的苏姗·麦克德莫特（Susan McDermott）、米歇尔·李思克（Michael Lisk）以及约翰威立出版有限公司的其他工作人员。

这项工作的完成离不开纳瓦·库珀（Nava Cooper）的不懈努力。

虽然此项工作得到了许多人的帮助，但错误和不足也是在所难免的。

译者序

2017 年 7 月，我赴美国波士顿学院（B. C）做"美国法律理论与实务"的短期学习与交流。其间，波士顿学院法学院的朱迪·A. 麦克莫罗（Judith A. McMorrow）向我推荐了几本书，其中包括《知识产权精要：法律、经济与战略》（Essentials of Intellectual Property：Law，Economics and Strategy）、《知识产权和商业：无形资产的力量》（Intellectual Property and Business：The Power of Intangible Assets），读来感觉不错。心中便想，应该分享给我的本科生和研究生。万里携来，假期内便安排我的研究生阅读，并试着翻译整理。

我长期从事知识产权教学和研究，有着自己购买知识产权书籍的习惯。在我的书架上，关于知识产权的中文书籍大致分为五类：知识产权法律、知识产权管理、知识产权信息、知识产权经济、知识产权哲学。仔细看来，我国知识产权学者的著作基本偏好知识产权法律的研究，而对于后四类的研究著作却并不是太多。既有的关于知识产权经济、管理、信息等方面的书籍大多倾向于理论探讨，书面用语较多；但与实践中的情形有一定的距离，且真实案例较少，与现实中企业、律师事务所、知识产权社会服务机构、行政部门等组织的需求不太衔接。我在主持"河南省知识产权战略实施十年评估报告"项目时，免不了到各个地方调研，也不时听到一些类似的声音，"现在的书水平很高，却不太对口味，以至于消化也有点困难。"当然，在我进行"知识产权总论""知识产权战略专题""知识产权资产评估与管理"等课程教学时，我的本科生、研究生也深有感触，拥有一本好懂又实用的知识产权教材，有多难。我国知识产权战略实施十年来，知识产权事业发展取得了令人瞩目的成绩，对促进我国科技经济文化社会发展发挥了关键而重要的作用，但"上热下凉""学热用凉""政热企凉"现象还在一些区域、领域不同程度地存在，窃以为应该与"好懂好用的书"太少有关。

让我欣慰的是，美国学者亚力山大·I. 波尔托拉克和保罗·J. 勒纳的《知识产权精要：法律、经济与战略》这本书似乎可以为弥补这种缺憾提供一些帮助。这本书的特点是：体系实用逻辑，用语通俗易懂，案例真实丰富。一路读来，仿佛作者就坐在我们面前，向我们娓娓道来——什么是知识产权，知识产权和我们有什么联系，知识产权有什么作用，应该如何运用知识产权为我们赚取利润、增强核心竞争力，知识产权价值如何评估，知识产权如何保护，其中的问题和技巧在哪里……《知识产权精要：法律、经济与战略》还向我们展示了知识产权在美国乃至全球未来的发展方向。读完，你会有种"原来如此，就该如此"的豁然开朗之感，有种"清风徐来，沁人心脾"的愉悦之感。也许，你先看一看这两本书的目录和前言，就可以感觉到。而且，我想说的是，请您，亲爱的读者，把《知识产权精要：法律、经济与战略》和《知识产权与商业：无形资产的力量》结合起来阅读，将这两本书相互印鉴，对您理解、把握、运用和保护知识产权更有用些。当然，您也可以选择其中一本，作为本科生、研究生，甚或企业、金融、中介机构、行政部门的培训教材。相信您会有更丰硕的收获。

我的研究生张帅、袁磊、王草、于文辉、韩鹏、杨洋等对《知识产权与商业：无形资产的力量》进行了尝试翻译；研究生曹子傲和我的同事刘远东也参与了《知识产权精要：法律、经济与战略》的初步翻译。尤其是张帅、袁磊进行了全文通读整理、格式规范。感谢同事高金娣、李尊然、李国庆、张秋芳对《知识产权精要：法律、经济与战略》的再次精雕细琢，以及同事宋贝博士对这两本书译稿的通读整理。是他们的辛勤努力，使这两本译著得以成型，"才像个样子"。我还十分感谢知识产权出版社编辑卢海鹰女士，其频繁督促联系，不至于让我懈怠搁置，是她费心联络作者取得授权，又费心申报国家出版基金，使这两本译著能够如期出版。另外，责任编辑可为耐心而细致的校对和编辑更令我感激，个中辛苦我可以感触到。我也感谢我的妻子孔文霞，是她的尽心照顾使我能集中精力做这些事。远方的儿子和女儿的懂事省心，也使我宽慰。哥哥宽宏大度的爱，让我感到心暖。心痛的是，繁忙的事务总使我找借口不去父母身边尽孝。这些人物和事情，都在我心里沉淀，凝成感恩的深沉记忆，也是我不断前行的不竭动力。

翻译是个苦乐相间的差事，既要尊重原著本意，又要"本土化"，且我的"时间"总是被各种事务占用，"道行"自觉也不是很深，呈现在你我面前的这本《知识产权精要：法律、经济与战略》肯定存在一些瑕疵和错误，恳请作者和读者能够不吝赐教，以便日后再版时"日趋精美"。在此，深表谢意！

王 肃

2019 年 1 月

简介：设置舞台

知识资本、知识资产与知识产权

知识产权已成为商界的一个老生常谈的话题。知识产权很重要的事实也证明，最近每个人都试图与之产生关联。以前，只有专利律师使用"知识产权"这个词。现在我们有管理顾问谈"知识资本"，而会计师和经济学家提的是"知识资产"。然而，这些术语背后的概念是有意义的，最好理解它们。

知识资本：他们的想法

简单来说，知识资本是指企业中所有知识的总和。这是公司每个人都知道的，因此为公司提供了竞争优势。知识资本包括员工的知识和技能，公司使用的工艺、思想、设计、发明和技术，以及与客户和供应商的关系。它包括软件、业务方法、手册、报告、出版物和数据库。它不仅包括知识和信息，而且包括方便其使用、交换和保留的无形基础设施。毫无疑问，知识资本包括专利、商标、版权、外观设计、互联网域名等。

> **提示和技巧**
>
> 知识资本是企业中所有知识的总和，因为它存在于员工的头脑中，可以用来创造财富。

从最广泛的意义上说，知识资本是企业在剥离所有有形资产（如土地、建筑、机械、存货和现金）后所剩下的资产。

知识资本 = 企业价值 − 所有硬资产的价值

知识资本不能脱离特定的企业环境或独立于其战略而存在。知识资本可能是一个企业的核心，但对另一个企业来说可能毫无用处。此外，它只是一种明确定义的策略，可以将有用的知识与信息噪声（information noise）和完全不同的事实区分开来。这是一种战略强加给我们的结构，它给信息混乱带来了秩序和意义。就像磁铁吸引铁屑一样，策略和目的创造了可识别的信息模式，我们称之为知识。

目标→策略→信息→知识

知识资产：他们写下来的东西

虽然知识资本是现代企业的基石，但大部分知识都是隐藏在员工心中的隐性知识。当员工离开公司时，员工的知识、经验、技能、创造力以及与他人（客户、供应商和其他员工）的关系也会随之流失。简单地说，知识资本就是在一天结束时走出门的东西，很明显，它有可能明天就回不来了。此外，即使一个雇员在为一个企业工作，他的知识也不能得到最有效的利用，除非它被识别、记录并与他人共享。因此，知识资本管理的主要目标是识别、捕获和记录它，并使企业中的其他人能够访问它。知识资本被如此捕获、存储、分类并分享，这被称为知识资产。

> **提示和技巧**
> 知识资产是指在企业内识别、记录并可用于共享和复制的知识资本。

企业不拥有可以离开或可能被解雇的员工，但是企业确实拥有他们作为企业的一部分所创造的知识资产。显然，鼓励员工公开并记录这些知识资本符合企业的最大利益（实现这一目标的程序将在第三章中讨论和描述）。

知识资本管理流程是这样的：

搜索→识别→捕获→记录→索引→存储→扩充→复制

知识产权：你保护的东西

知识产权是受适用法律保护的知识资产。知识产权的一个典型例子是受专利法（美国法典第35章）保护的专利。

> **提示和技巧**
> 知识产权是受适用法律保护的知识资产。

知识资本、知识资产和知识产权的包含关系如图I所示。知识资产构成了知识资本更有价值的子集，知识产权构成了知识资产更有价值的子集。对价值增长的推动决定了管理过程的流动：从知识资本中提取知识资产，并进一步从知识资产中提取知识产权。因此，管理的目标是创造知识产权。

图 I　知识资本、知识资产和知识产权的包含关系

　　广泛的知识产权可以分为两个部分：一是（假定的）明确定义的经典或法定资产；二是不太明确的合同或普通法资产（尽管这些资产也可能通常由立法管辖，但不仅限于州立法）。前者包括众所周知但经常被误解的专利、商标和版权，并且近年来已扩展到布图设计和注册外观设计等；后者包括商业秘密和专有技术以及竞业禁止协议与保密协议。

目　　录

第一章
三剑客：专利、商标和版权

阅读本章后，您将能够：

❖ 了解各类专利以及为各类专利所提供的保护的本质

❖ 了解专利侵权的构成要件

❖ 了解在获得专利时应考虑的主要因素

❖ 了解在选择优秀专利律师时应考虑的相关因素

❖ 了解商标和服务标志的性质及这些标志的注册要求，以及商标或服务标志的正确使用方式

❖ 了解如何选择一个标记并确定它是否可被采纳

❖ 了解版权的性质以及版权在非传统应用中的运用，例如计算机软件的保护

❖ 识别可能需要书面版权转让的雇佣工作情况

❖ 理解合理使用的相关原则

在现实世界中

"国会有权……为促进科学及实用技术的发展，确保作者和发明人在有限的期间内对其作品和发现享有专有权利。"

——美国宪法第 1 条第 8 款第 8 项

专 利

专利赋予专利权人就其获得专利的发明享有排他性的制造、使用、销售、许诺销售和进口的权利。另外，专利权具有国内地域属性，仅在授权国境内有效。

美国的专利法规定了三种专利：植物专利、外观设计专利和发明专利。植物专利涵盖了无性繁殖的植物，对植物育种者来说很有意义。外观设计专利涵盖的是就产品的外观做出的装饰性设计，要注意的是，外观设计应当具有一定的美感，而不是从功能性的角度进行考虑。大部分专利属于第三类发明专利——我们将主要关注这些专利，但并非仅限于此。

提示和技巧

要获得专利，一项发明必须具备：

❖ 实用性
❖ 新颖性
❖ 非显而易见性

一般而言，发明专利可以覆盖设备或产品、物质的合成、制备或制造产品的方法或工艺，或者不太常见的现有装置、材料或产品的新应用，或者由特定新工艺制备的产品（已知产品不具有可专利性）。

为了获得专利，发明必须具备实用性、新颖性、非显而易见性。实用性要求很大程度上是不言自明的，很少会成为可专利性的重大障碍。如果该发明奏效，它就具有实用性。一种新的化合物本身可能不具有可专利性，除非它得到有效的应用。如果没有任何现有技术参考文献公开该发明的所有特征（即相同的发明不是由其他人较早做出的），则满足新颖性的要求。最具挑战性和概念上最复杂的可专利性要求是非显而易见性。为了满足这个最后的要求，此发明不应该仅仅是现有技术的要素组合，如果该发明对于在相同领域具有一般技术水平的人而言在试图解决发明涉及的技术问题时是显而易见的，则不具备非显而易见性（有关这个非常有趣的主题，请参阅第十一章）。

自1860年到1995年，美国发明专利权的有效期都是自授权之日起17年。然而，根据美国现行法律，发明专利有效期为20年，自申请之日起生效。新法律适用于1995年6月8日或之后提交的专利申请。1995年6月7日以前提交申请并获得授权的专利有效期可以自授权之日起17年或自申请之日起20年，二者取其时间长者。尽管从理论上讲，专利的有效期可能因审查请求被专利局过度拖延而进行延长，然而实际上，专利有效期是不可延长的。例外主要是针对医药产品的专利，在这种情况下，专利有效期可能会延长，以弥补获得食品药品监督管理局上市行政审批许可的过程中耗费的时间。外观设计专利有效期为从自授权之日起14年。

在美国专利商标局（USPTO）颁布的法定要求和规则规定下，发明专利的格式和内容已相对标准化。在专利文本部分之前是一页或多页关于发明优选实施方案的附图（无论出于何种目的，优选实施例都是最佳模式的同义词——请参阅本章后面的"你不知道的"一节，以获得与这个有趣话题相关的更多的信息）。专利文本开始于一段简要说明，确定本发明的主题。接下来是背景部分，主要概述由本发明解决的问题。对问题的陈述可以包括先前已经实施的解决方案或尝试解决方案的描述，以及它们不完全令人满意的原因。在背景部分后面是总览本发明的部分，包括其关键特征和优点。接下来是对专利附图进行简单说明的部分，详细说明每个图所示的内容。接下来是相当冗长的一部分，结合附图的优选实施例对发明进行了详细描述。这些专利的文本部分被称为说明书。专利结束于专利权利要求，各权利要求在专利文件末尾以阿拉伯数字依序编号。在专利文本之前是一个封面，其中包括一个简要的摘要和大量其他有用的信息，这些信息将在后面的章节中着重介绍。

需要关注的是什么

公众很少有人对专利有太多的了解。甚至可以说，人们普遍认为的关于专利的许多观点也是不正确的。也许最常见的误解就是，专利赋予了所有权人实施专利发明的权利。如前所述，专利赋予所有权人阻止他人实施专利发明的权利——一种排他性或否定性权利。它并未赋予专利所有人肯定或积极的权利来实施专利发明。两种权利（排他性/否定性权利和肯定/积极的权利）的差别在改进专利中是最易于识别，也是最常见的。改进专利涵盖了对现有产品或过程的改进，并且此产品或方法专利并未到期。通常情况下，如果改进专利的实施需要制作基础的或未改进的物品或执行基本方法和工艺，则未改进物品或方法、工艺的专利持有人可以阻止其实施。在这种情况下，改进专利的所有者不能实施他自己的专利发明。这个概念可以通过下面的假设情况来更好地来加以理解，其在整书中起到一个解释说明的作用。

例 子

杰克生活在一个缺乏市政供水系统且大部分房屋为木质结构的农村地区。假设没有像消防车那样的装备（这是假设情况，我们希望避免增加技术上的复杂性），由于缺乏现成的水供应，这些房屋难以抵御火灾。为了解决这个问题，杰克发明并申请了一项消防车专利（一项实用新型专利），该消防车包括一辆载有一个水箱、一个泵、一根软管和喷嘴的车辆（目前，我们不需要关心"消防车"更具体的定义）。

碰巧有一天，另外一个人吉尔，在开消防车赶往一个火灾现场的时候被堵在了半路上。吉尔认为由交通堵塞造成的延迟是一个问题，因为它们会干扰及时救援。吉尔总结说，如果能让其他驾驶者意识到消防车及其任务的性质，即紧急任务中的紧急车辆，这个问题就可能得到解决，至少可以得到改善。吉尔认为最好的方法是将消防车涂上一种独特的颜色（红色），并为其安装视觉和听觉警报装置（红色的闪光灯和铃铛）。吉尔继续申请专利，这是一种改进的消防车，它是一辆漆成红色的消防车，上面有红色闪光灯和一个铃铛。

在我们的假设情况下，吉尔是否有权制造、使用、销售或许诺销售杰克的专利中提出的改进型消防车（带红色闪光灯和铃铛的红色消防车）？这个问题的答案是否定的。为了制造改进型消防车，吉尔还必须制造一台消防车。杰克因其专利而有权阻止吉尔这样做。反之，杰克不能制造、使用、销售或许诺销售改进的消防车（红色油漆，带有闪光灯和铃铛），因为吉尔可凭其专利而有权阻止这种情况发生（交叉许可经常打破这种僵局）。

关于专利的另一个误解是它们所涵盖的内容。在这方面，发明人是信息误传的真正来源，他们广泛地（并且夸张地）讨论"我的发明"或"我的基本发明"，甚至是"我的概念"，同时贬低任何被告侵权人做出的"微小改变"或"微小变更"。不要相信这种观点。专利涵盖的内容取决于其专利权利要求。而权利要求是按照专利说明书进行解释，这些权利要求决定着专利涵盖的内容（稍后会介绍更多该主题的内容）。

同样，当技术人员需要审阅专利时（尤其是这些审阅人员的雇主被指控侵犯专利权后），他们通常会阅读摘要和发明总结，查看附图，并认为"它都是陈旧的"或"我们已经这么做了很多年"，因而专利是无效的。不要相信这种观点，大多数发明都是对一些早期技术的改进，并且大多数发明都是在它们将要发挥作用的环境中描述的。因此，出现在专利附图和专利说明书中的大部分内容都是陈旧的。

但是，专利的范围是由其权利要求决定的（我们重复这一点是因为这一点非常值得重复，它经常被忽视，有时甚至被法官忽视）。在通过（批准）专利之前，专利审查员在权利要求项中找到一些限制，他的（大多数）专家意见认为，其构成了可专利性的法律基础。这个基础通常可以通过检查专利文件包来辨别，该文件包是与专利公布有关的所有文件的公开可获得的副本。如果专利代理人没有对专利文件包进行彻底审查，就不要接受其提供的任何关于专利有效性或权利范围的意见（在涉及故意侵权时，法院也不会接受其专利有效性和权利范围的意见）。

你不知道的

人们经常说"不知者无罪"，但这不适用于商业，也不适用于专利。在外行看来，专利侵权并不是一种特定故意的侵权行为，往往是在没有打算这么做也没有意识的状态下，就已经构成了侵权。其在这种情况下可能很无辜，但它仍然构成专利侵权。事实上，你无意的专利侵权并不是对专利侵权指控的抗辩（尽管如我们所见，它可能会减轻损害赔偿责任）。因此，强烈建议在销售新产品或使用新的生产方法之前进行产品的专利检索。这种检索应该尽可能在任何实质性的新产品或方法投资或开发工作之前进行。

> **提示和技巧**
> 无意侵权仍然是侵权行为。

你没有说的

除专利侵权问题外，还有几项基本但并不为人所知的对专利的要求，如果被忽视，可能会导致其后获得的任何专利无效。

专利必须是可实施的，并且必须包括披露实施所要求保护的发明的最佳模式。其实，这意味着，基于专利文件，一个本领域的一般技术人员（经常出现在专利事务中的短语）必须能够通过有限次试验实现该专利发明。专利权所有人在专利申请时已经披露了他认为是实现该专利发明的最佳方式，即所谓的最佳模式。因此，向专利律师披露一项发明时，这是非常重要的，因为专利律师将起草一份无信息保留和隐瞒的专利申请。你必须在维护商业秘密和获得发明专利之间作出选择，这样的选择可能很困难。但是，如果你兼而有之，你可能什么都抓不住。因此不要钻制度的空子。专利审查员在审查专利申请时不会质疑，而是会接受本发明的公开实施例作为最佳模式，并且可能不会注意到导致无法实施的某个缺失的细节。在诉讼中对方律师将质疑一切，并可能拥有几乎无限的资源，包括取证程序。对方律师不会遗漏任何东西。任何通过隐藏信息获得的胜利可能只是暂时的。

专利法中另一个经常忽略的方面与法定禁止有关。简言之，法律要求发明人对是否为其发明寻求专利保护作出合理而迅速的决定。这一决定必须在公开发明时、第一次销售时或第一次许诺销售时作出，即使实际上没有进行销售。

一旦发生此类事件，必须在一年内向美国专利商标局提交专利申请并且予以备案，否则法律将不再对该发明进行专利保护。法院会严格执行这一要求。实际上，这种在美国实行的一年宽限期是独一无二的。其他国家基本上要求在披露或销售发明之前申请专利（所谓的"严格新颖性"要求）。因此，如果希望获得外国专利保护，则应在开始营销工作或进行其他公开披露之前，提交美国专利申请。

你没有披露的

专利申请人和申请人的专利律师（如果有的话，请参阅本章后面关于这一主题的部分）所负有的责任中有坦诚的义务，也称为披露义务。

专利审查员检索相关现有技术的时间和资源有限，因此为了帮助审查员识别这些技术，从而防止授予无效专利，与专利申请有关的每个人都有责任向专利局披露所有已知的材料。如果该个人未能履行这一义务并且拒绝向专利局披露已知的现有技术，则称这种行为为不公平行为（以前称为"专利的欺诈行为"），可能导致专利被认定无效或无法实施。

提示和技巧

不要隐瞒现有技术——它会回来困扰你！

有些人会指出，如果专利申请人没有披露现有技术的相关参考文献，很可能不会被专利审查员发现。此外，即使审查员确实发现了这些文献，专利申请人也不会遭受任何损害。审查员不会询问潜在的未披露的信息，而只会对申请进行审查。此处暗藏的建议是忽略任何可能危及授予专利的情况。不要相信这种观点。除了道德方面的考虑之外，这样的专利一直存在成为诉讼对象的可能性。虽然专利审查员在检索现有技术时受到阻碍，但对方律师将享有近乎无限的资源。一旦诉讼开始，对方律师可诉之于证据开始程序。文件和记录会被检查，证人要录取口供。因此，那些所谓的"被遗忘的"参考文献会被发现。仅仅是发现就已经很糟糕了，如果确定专利申请人知道该参考文献但未向专利局透露，真正的麻烦可能随之而来。例如，试图执行一项已知无效的专利可能构成违反反托拉斯法的行为。因此，请勿向你的专利律师隐瞒相关参考文献，也不可要求你的专利律师向专利局隐瞒（虽然有时单调乏味，但专利律师作为一个群体，具有高度的道德性）。

外观设计专利：少即多

人们通常认为（即使了解更多的专利律师也这样认为）外观设计专利的范围非常有限，因此除了防止对特定产品设计的精确复制外，其价值不大。这种观点欠缺准确性。外观设计专利在知识产权领域虽然不具有主角（主要）地位，但也举足轻重。

由于外观设计专利的申请在原则上和执行上都非常简单，律师们经常对它们不屑一顾。事实上，这些外观设计专利的申请通常是由律师助理准备的（因此他们为法律公司带来了可观的利润空间）。由客户提供的产品的附图或照片仅附在一份基本的申请样板上，并提交给专利局。实际上，对于这种申请授予的专利将保护所描绘的产品设计，但是几乎没有给予其他的保护。然而，如果发现这些专利的范围有缺陷，那么问题不在于外观设计专利的固有性质，而在于该申请人在准备申请时缺乏应有的努力。

应该对外观设计专利申请中使用的图纸进行清理——把不必要的设计细节删除，设计越基础，越难以规避。

更重要的是（并且不太广为人知），一项专利设计不需要包含整个"制造品"。在一项具有里程碑意义的判决中（Inre Zahn，617 F. 2d 261，204 USPQ 988［CCPA 1980］）——由本书的一个作者精辟评介的案件，海关和专利上诉法院（美国联邦巡回上诉法院的前身，也被称为"专利法院"）认为专利设计必须与一个完整的物品有关，不过设计不需要涵盖整个制造品。因此，可以对产品的一部分设计进行专利授权，由此使得不具有专利设计的其余部分的外观与专利侵权问题无关。这种外观设计专利的范围可能相当广泛。任何制造商都不应忽视外观设计专利。

临时专利申请：退而求其次

临时专利申请实质上是省去权利要求的实用或传统的专利申请。在获得实用专利的过程中，它们可能仅被视为可选的初步步骤。在临时专利申请后的一年之内，必须进行发明专利申请。如果不这样做，将导致临时专利申请不可撤销的放弃。

临时专利申请于1995年首次推出时，被吹捧为一种建立专利申请优先权日期的低成本手段，同时为发明人提供一段时间（1年）以进一步发展和完善发明，并决定是否承担昂贵的申请费用以及是否提出正式专利申请。另外一个好处是临时专利申请的待批期限不包括在专利的 20 年期限内。因此，临时专利申请实际上提供了一个将专利的使用期限延长达 1 年的方法。

这些广受赞誉的优势已被证明在很大程度上是虚幻的。理由很简单，因为临时专利申请毕竟是专利申请，并且与发明专利申请一样受到相同的公开要求——它必须是可以实施的，并且必须使每一个权利要求的限制出现在相应的未来发明专利申请的权利要求中（即随后提出的非临时申请所要求保护的主题必须在临时申请中得到支持）。事实上，如果做得好，临时专利申请与相应发明专利申请的说明书相同。因此，虽然临时专利申请的费用远低于相应发明专利申请的费用，但起草临时申请的费用与起草发明专利申请的费用相差无几。因此，总体成本节省远不如有些人认为的那么多。此外，如果本发明的进一步发展和完善导致出现技术变化或临时申请中未描述的细节（如果它们是在临时申请后产生的，那么如何描述它们?），这些新内容不会从临时申请的临时日期获益。

最后，使用临时专利申请取得专利期限延长的价值也存在严重问题。随着技术的快速发展，大部分专利发明在专利到期之前就已经过时了（电子发明平均在专利发布的 3~5 年内就已过时）。因此，加快专利的发布可能比延迟专利到期时间更为有利。临时专利申请的真正优势（如果有的话）可能在于减轻费斯托案（Festo）裁决的有害影响（见第八章）。

一些发明人或专利律师会主张将各种技术论文、研究报告和临时项目说明书作为临时专利申请，此种观点不可信。这些文件没有经过修订，总是缺乏支持未来实用专利申请所必需的细节和完整性。

当然，这个规则也有例外。在 1 年宽限期即将届满前的某一天（这一天是因发表研究论文或销售产品触发的），人们可能别无选择，只能快速提交临时申请，以避免遇到新颖性障碍。最后，在某些情况下，将专利期限的开始推迟 1 年（保护将开始并在 1 年后到期）可能会有好处。不过人们通常认为，即使不会多获得 1 年的专利期限，但也要提前 1 年生效。在任何情况下都不应该考虑自行起草临时专利申请，只有在极端紧急情况下才允许这么做。如果一项开发具有潜在价值，并且发明人希望在进一步考虑该问题的同时撰写临时专利申请，则该申请应由称职的专业人员来撰写。

选择专利律师

被指控的罪犯有在法庭上自行代理的合法权利。然而，人们普遍认为，这样做的人是愚蠢的。同时，发明家也有在专利局代表自己的合法权利。同样，这样做的人也是愚蠢的。

法律视野中的专利并不都是平等的。有些专利提供广泛的保护，因此具有很大的价值。有些专利的范围很窄，很容易规避，显然没有多大价值。专利的质量（和价值）高度依赖于专利申请起草和实施者的专业技能和知识，需要有关技术和专利法以及申请程序方面的专业知识。这种专业知识并不廉价。然而，正如那句老话所说的："如果某件事值得去做，那就值得做好。"从商业角度来看，正确起草和实施专利申请的增量成本会因由此获得的专利增值而得到充分补偿。

必须牢记的是，准备专利申请的起点是一张白纸（或一个空白文字处理器屏幕）。起草专利申请不是填写表格空白处的问题，每一项专利申请都是一件单独创作的艺术作品（如前所述，取决于起草人，他们比其他人更有技巧）。就如同没有两个一样的发明，也没有两个一样的专利申请。出于这个原因，专利从业人员几乎总是按小时收取申请服务费。只有当客户有大量的专利申请需要准备时，这个规则才有例外发生。在这种情况下，律师事务所可能会对每份申请给出固定的报价，根据平均法则，有些申请会比较复杂（而且耗时），而另一些申请会比较简单（而且短时间内就能完成）。

提示和技巧
试图在专利律师身上省钱就像雇佣最低价位的脑外科医生一样。

许多发明人或业务经理在漫长而艰难的搜索中，找到了收费最低的专利从业者。事实证明不能这样做。通常情况下，超低的收费意味着缺乏经验或技能，或两者兼而有之。此外，申请的最终费用是起草人员的小时收费价格乘以小时数。与收费更高的更有经验的同事相比，费用较低的缺乏经验或低效的从业人员通常需要更多的时间才能完成申请。由于计费时间的可变性，小时计费率与完成的专利申请的成本之间通常几乎没有关系。事实上，更有经验的从业者可能实际上成本较低。如果价格比较是绝对必要的，请各备选从业者按照一份已公开的发明样本估计一下撰写费用。

选择专利从业人员时经常被忽视的一个因素是个人的技术背景。专利律师和专利代理人必须是快速学习型的人，并且通常能够在广泛的技术领域从事发明工作。尽管如此，在所有其他条件相同的情况下，就成本和质量而言，最好是选择具有与本发明所属技术领域相关经验的从业人员的服务。此外，还有一些类型的发明（如制药和生物工程发明）只能由获得相应技术教育的从业人员处理。当你在作出选择时，要调查备选人员的技术背景、教育背景和工作经验。

一个优秀的律师还是另一个工程师

我们已经注意到专利律师应具备适当的技术专长，还必须牢记专利是法律文件，其正确的起草工作需要法律专业知识。在过去几年中，在那些主要从事（如果不是完全从事）专利申请的专利律师中，技术教育水平具有逐步提高的趋势。这一趋势在专利代理师中体现得更为明显。因此，越来越多的人发现专业从业人员拥有技术领域的硕士学位或博士学位。有些人甚至进行博士后研究（显然，他们只有在配偶或母亲坚持让他们最终去找工作时才进入专利领域）。

在某种程度上，这种趋势可能是由不断增长的专利技术的复杂性所驱动的。因此，这种趋势可能是有益的。然而，在更大程度上，这种趋势是由最常见的管理缺陷之一造成的：对熟悉的领域过度关注和偏爱，逃避不熟悉的领域。大多数情况下，专利从业人员会向客户的高级工程人员报告。这些人员本身是以技术为导向，不具备或仅仅了解一点法律知识，通常倾向专注于（并且谈论）技术问题而不是法律问题的专利从业人员。在聘请专利律师时，要确保聘请的是法律顾问，而不是为工程部门聘请一个额外的技术人员。

这里要提醒读者注意"专利代理师"这个词的使用。专利代理师是通过专利律师考试的人，这样的人有权在专利局开展业务，准备所谓的可专利性意见（更多关于这个激动人心的文件会在后面的内容提到）以及提交和实施专利申请。相比之下，专利律师不仅通过了专利律师考试，而且还获得了美国50个州或哥伦比亚特区的律师资格。一些被认为构成法律执业的活动还包括授予专利有效性或侵权意见、从事诉讼或起草许可文件，只能由律师完成，而不能由专利代理师完成。

获得专利的过程

在开始起草专利申请之前，可以请求或由从业人员建议进行专利检索。也称为新颖性检索、可专利性检索或现有技术检索。这涉及检索相关的现有技术——主要是（但不完全是）收集在先专利和发表的文章以及由专利局保存的小册子——以识别与主题发明的可专利性（新颖性和非显而易见性）相关的现有技术是否存在。尽管法律不要求这样的检索，但它几乎总是一个明智的措施。有时候，这样的检索会揭示所讨论的发明不具有专利性——它缺乏新颖性（以前已经完成），或者鉴于现有技术，这是显而易见的。这样的发现虽然令人沮丧，但至少可以节省专利申请的成本，否则还要撰写和提交这些专利申请。

　　然而，检索结果更多地使专利从业者能够更好地确定本发明可授予专利的方面或特征，并专注于这些特征进行专利申请。申请专利后，不能添加新的内容到附图或说明书中——当专利申请被提交时，它们基本上会被冻结。尽管在专利申请期间可以（并且经常会）修改权利要求，但它们不能涵盖任何未在附图中示出和未在说明书中描述的内容。因此，专利检索起到先知先觉的作用，具有巨大的价值，即"有备无患"。

　　事实上，在费斯托裁决中，专利检索变得几乎是强制性的。实质上，费斯托案裁决（稍后对此进行更多介绍）给任何为了避免阅读现有技术而改变权利要求范围的权利要求修改都课以高昂的代价。这个代价是丧失等同权利要求的全部范围，否则专利权人在等同原则下可以获得这个等同权利要求。（本书第八章将更全面地讨论这个话题）。因此，强烈建议进行可专利性检索，以便起草的专利权利要求能够在后期无须修改。

　　在专利申请提交后的 7 ~ 33 个月，根据专利申请涉及的技术领域和专利局特定部门（技术领域）的积压情况，专利局会签发一份核驳通知书（official office action）。在这个官方意见中，专利审查员会确定最接近的现有技术，并且通常拒绝就部分或全部专利权利要求授予专利权。（如果没有任何权利要求被拒绝，这可能表明你没有要求所有你有权获得的权利。）必须准备并且提交一份对此官方报告的书面答复，此答复称为意见答复（response）或修改（amendment），涉及所有由审查员提出的问题。这是一项由从业人员计时收费的任务。此外，从业人员可以通过电话或亲自登门与审查员会谈。

　　作为对所有这些的回应，审查员通常会在几个月内发布第二次核驳通知书。此时，从业者通常可以提出以下建议：（1）不太可能获得任何有价值的专利保护；（2）专利很可能会在适当的时候发布；或（3）审查员似乎不理解、无道理或者固执，需要提出复审请求或其他冗长而昂贵的程序。可能性（1）和（2）是针对一个简单的决定，处理可能性（3）是决策者获得收益的情况之一。

　　专利一旦授权，专利局的文件（被称为"文件包装"），就会向公众开放。专利律师热衷于研究文件包装，以帮助理解各种术语的含义和专利权利要求的范围（毫不奇怪，这样的研究费时且成本高昂）。

专利标记：小事情意味深长

　　在从专利侵权人处获得损害赔偿金之前，专利权人必须确定已经警告或通知了侵权人。一经通知，损害赔偿自通知之日起计算。通知既可以是实际的也可以是推定的。一般来说，侵权通知听起来像是专利权人发出的一封信，该信件指明了专利和侵权产品，并明确声明专利涵盖该产品或该产品侵犯专利。就商业化专利而言，推定通知包括在专利产品上标记专利号（或者，如果不可行的话，在其包装上）。对于没有商业化的专利，或者商业化没有产生可标记的产品，可以免除标记要求。

> **提示和技巧**
>
> 在产品上标上专利号对于获得侵权损害赔偿至关重要，对贵公司也是一种很好的公关。如果用过期的专利号或不涵盖产品的专利号标记产品，专利权人就会承担虚假标识的责任。

很明显，如果专利权人正在销售（直接或通过许可）专利产品，则对这些产品标注专利号是非常有益的。专利标记意味着无须给侵权者发送通知函就开始计算损害赔偿。收到通知函后，接受者可以提出宣告性判决之诉（参见本书第八章）。

理解权利要求书：交通规则

如前所述，一项专利的范围是由专利权利要求决定的。因此，理解权利要求的基本原则非常重要。

> **提示和技巧**
>
> 权利要求的限制是确定权利要求范围的要素。

权利要求书由一些限制因素构成，这些限制因素包括识别、描述或者限制所要求保护的发明的各种组成部分（或方法或工艺权利要求中的步骤）。出现在权利要求书中的各种词语和短语应根据其正常或习惯的含义来理解和解释。如果没有公认的定义存在，也就是说专利起草者已经创造了新的词汇，或者以非常规方式使用了词语或短语（专利起草者是他自己的词典编纂者），则专利说明书被用作权利要求解释的指南。如果专利说明书中没有明确的定义，则检查文件包。作为最后的手段（并且只有到那时），可能会引入专家证人的证词。如果仍然无法解决任何歧义，则将印刷材料纳入考虑范围。

权利要求中的每个词都被认为具有重要的意义，每一个词都不应该被忽视。实体专利法禁止两项专利申请覆盖同一发明。因此，如果（经常发生）两项权利要求在很大程度上相同，则不相同的部分必须被解释为具有不同的含义（这被称为权利要求区分原则）。

权利要求不得解释为与专利申请期间申请人提出的主张或声明不一致，也不得与专利审查员已阐明的作为请求许可依据的理由相抵触（禁止反悔原则）（这看起来很容易理解，但请稍等，还有更多关于费斯托案件的评论，请参阅本书第八章）。

权利要求——实际上构成了权利要求的限制——必须被解释为保持有可专利性。如果发现有关新的（在专利申请审查期间未考虑的）现有技术参考文献，可能的话，则必须解释专利权利要求，以使其区别于现有参考文献从而维护权利要求的有效性。而且，如果可能，权利要求应该被理解为覆盖专利说明中描述的本发明的实施例。

这些规则看起来很复杂且令人困惑，事实也是如此！美国联邦巡回上诉法院（CAFC）（专利上诉法院）撤销裁决的次数证明，联邦地区法院的许多审判法官自己都理解错了。

独立权利要求，从属权利要求：
简化权利要求结构任务的一种方式

权利要求有两种：独立权利要求和从属权利要求。独立权利要求是指不引用另一项前述权利要求的权利要求。因此，专利的第一项权利要求（权利要求1）总是独立的（没有在先权利要求）。从属权利要求对其所依赖的权利要求（即它们所引用的）做进一步限定。许多专利包括一系列从属权利要求，每个权利要求都引用在先权利要求因而也包含了在先权利要求的限制。每个从属权利要求比它所引用的权利要求更窄（即范围更加有限）（有关该权利的更详细说明，请参见本书第八章）。因此，如果独立权利要求没有受到侵权，那么引用它的任何权利要求（因为范围更为有限）都不可能受到侵权。出于这个原因，注意力不可避免地集中在独立权利要求上，这些权利要求在数量上通常少得多。在大多数情况下，从属权利要求可以忽略。

临时专利权：出生前的生命

在许多关于专利的普遍误解当中，最为持久的一个误解是专利自申请日起生效。非常多的人认为，一项专利在申请时就已经完全形成了。这类人会拿着一份新提交的专利申请的副本走进律师办公室，而且通常是其自己写的申请。他们是为了寻求强制执行一名或多名被指控侵权人。然而，这种强制执行是不可能的，因为专利仅从授权之日起才有效。而且直到最近，专利都没有追溯效应。在专利授权之前发生的任何活动不会承担专利侵权责任。然而，在一定程度上——而且只有在一定程度上，专利保护的非追溯性已经因专利法的变化而产生了变化，这些变化创造了临时专利权。这些变化也扭转了先前的规则，即未决专利申请由专利局秘密保存，直到专利授权。

根据修改后的法律，2000年11月29日之后提交的专利申请将在其提交日期后18个月（实际上是最早声明的优先权日期后18个月——可与专利从业人员讨论此问题）公布。当一个申请公布时，整个文件包都是公开的，可以被公众检查和复制。此外，公众可在公布的2个月内将现有技术文件提交给专利局，由专利审查员在审查申请时予以考虑。

专利申请一经公布并且被告侵权人已经得到实际通知，则适用临时专利权。如果已公布的专利申请最终变为授权的专利，并与在先公布的权利要求实质上相似（尽管尚未被法院判定，但实质上相似的术语可能意味着"实质上相同"），此时，专利权人可基于授权的专利、侵权人实际了解已公布的专利申请的证据收取损害赔偿——专利权人除了其他损害赔偿之外，还可以追溯在申请公布和授权期间的合理赔偿。由此，专利制度中引入了一定程度的追溯力。

商　标

商标是用于识别商品来源（尽管可能是匿名来源）的文字、符号或其组合。商标的例子包括耐克（Nike）、劳斯莱斯（Rolls - Royce）和克里内克斯（Kleenex）。服务标志在提供服务方面与商标具有相同的功能，服务标志的例子包括联邦快递（FedEx）和乐通（Roto - Rooter）。商标或服务标志具有潜在的永久生命。虽然对商标进行注册给商标所有者带来一些好处，但这不是法定要求，注册可能在联邦或州一级。未注册的商标称为普通法商标。

选择一个标记

选择标记时，重要的是要记住它旨在实现的功能，即来源识别。描述商品或服务不是商标或服务标志的功能。市场和销售人员经常试图采用一种标志来描述产品或告诉客户有关产品的一切，应坚决抵制这种行为。产品描述应通过广告文案实现，商标和服务标志应该根据其区别性进行选择。

商标根据其固有的区别性进行了分类。最有区别性的，也是最理想的商标是臆造商标或任意商标。这些是诸如柯达（Kodak）或施乐（Xerox）之类的人造词，或与它们所使用的商品或服务无关的词语，例如将骆驼（Camel）作为香烟的商标。

　　按照区别性的递减顺序，接下来是暗示性的商标。这些标志与其使用的商品或服务有一定的联系。这种联系具有想象力，只暗示了商品的一定特点，没有对商品或服务进行直接描述，也不能仅从商标知识中识别出来商品或服务［例如，Polar（南极）用作冰淇淋的商标］。

　　在区别性阶梯的下一个较低层级（我们将很快看到，这一层级向下滑了一大截）是描述性标记。这些标记在字面上描述了商品或服务的某些特征或属性，或者是其中的赞美（例如，Speedy用作递送服务的服务标志）。

　　从技术上说，梯子的底层被所有通用术语上的标记所占据。通用术语是产品或服务广为人知的词语或短语（例如，自行车是两轮踏板动力车辆的通用术语），通用术语是不受保护的。

商标扫雷

　　商标扫雷是确定或试图确定某个特定商标是否可以按照提议采用和使用的过程。正如许多发明人向你保证不需要专利性检索因为他们"了解该技术领域从未有过这样的事情"，所以，许多营销和销售人员也向你保证，不需要商标扫雷，因为他们"了解市场中没有人使用这个标志"。不要听信这种观点。商标扫雷（如果该商标仅用于该国）是一个相对快速和廉价的程序，特别是当与不知不觉地侵犯他人权利有关的干扰和费用（诉讼费用、损害赔偿，以及突然变成新标志的成本和混乱）相比的时候。如果商标在国外使用，应在要使用国家进行检索。这样的检索可能会花费大量时间和金钱，因此应该制订相应的计划。

注册商标

　　尽管各州之间的要求和程序有所不同，但获得州注册商标通常是填写申请表中的空白区域并支付少量费用的问题；申请联邦注册只是程序稍微复杂一些。因此，大多数（如果不是全部的话）商标代理人按照收取固定费用的方式撰写并提交注册申请。以前，在州际贸易中使用商标是申请联邦注册的先决条件。但是，现在商标法已经修改，联邦注册申请可以基于一种在州际贸易中使用该商标的意图。尽管如此，这种使用必须在核准注册之前已经开始。

> **提示和技巧**
>
> 商号是企业的名称，不能作为商标注册，但受州法和普通法的管辖。

商标要发挥其识别商品来源的功能，就必须具有区别性。一种与其他商标相似的商标不能用来区别使用它的商品和其他商品。一些臆造的、任意的或仅仅是暗示性的商标被认为具有内在区别性，这些标记在采用和使用后可立即注册（建议读者偶尔使用拉丁词组，这样经常会使人印象深刻）。

> **提示和技巧**
>
> 商标可能是一个口号，比如花旗银行的"花旗从不歇息"；或者是一种包装形状，例如黄蜂腰的可口可乐瓶；或者是一种颜色，比如欧文斯科康宁的粉红色玻璃纤维隔热材料。

缺乏内在区别性的标志比如描述性标志，只有在表明它们已经取得了第二含义时才能注册。也就是说，在公众的脑海中它们已经与商品联系在一起，事实上，它们也的确区分了这些商品。这种证明可以通过使用消费者调查（非常昂贵）或者通过确定申请人连续且基本上完全使用该商标至少5年（所谓的第2条［f］款申请）来实现。很显然，后一种方法要求商标所有者在有希望获得商标注册之前经受很长的（5年）不确定期。故事的寓意：避免描述性标记。❶

与专利局一样，商标局也会就申请发出书面报告，对此必须做出书面答复。商标局只审查相似性（审查终止于此）。在大多数情况下，商标申请要比专利申请简单得多，成本也要低得多。

商标经过确认审查认可注册后，就进入公告异议阶段。商标、商品或服务以及申请人的身份都会在每周的《官方专利和商标公报》上公布，并且给予利害关系方30天（可自由延长）时间提出异议，说明应撤销注册的理由。如果无人提出异议，则予以注册；如果有人提出异议，则进行双方间诉讼，然后由商标复审和上诉委员会进行裁决（当然还可上诉）。

---

❶ 注：前面的段落主要针对联邦注册所涉及的问题，有些州显然可以注册任何标志。

在现实世界中

根据凯度零售（Kantar Retail）和华通明略公司（BrandZ）2010 年的一项研究，全球五大最有价值的商标是谷歌（Google）、IBM、苹果（Apple）、微软（Microsoft）和可口可乐（Coca – Cola）。

适当的商标使用：正确使用否则会失去它

如果商标不再主要用作商品来源的识别，而开始标识商品本身（即它成为这类商品的通用术语），则该商标的专有使用权将丧失。这种丧失的典型例子有自动扶梯、保温瓶和阿司匹林。商标适当的使用是为了防止此类损失。在发布之前，应审查所有出版物，了解商标适当使用情况。（尽管正确使用商标的规则超出了本书的范围，但请记住：商标不是形容词，应该在其后面加上适当的通用术语。）

盯紧官方公报也是明智的做法，这样你就有可能针对给你自己的商标造成混淆或者会淡化或减少你自己商标显著性的商标注册提出异议。

一旦商标在联邦注册，就会有注册标记符号标识®。字母"TM"或"SM"（用于服务标记，较少用）用于识别未经注册的或普通法商标，或仅有州注册的商标。因此，标识后出现"TM"或"SM"仅仅意味着某人正在对该标识主张所有权，而不是说索赔人实际上拥有该权利。然而，这并不是说根据普通法主张的权利可以被忽略。许多未注册的商标非常醒目，注册之前请检查。

现在谈到通用性问题，我们应该回到与选择商标有关的问题上。商标或服务标记是形容词，应与相应的通用术语一起使用。如果某种产品或服务确实是同类产品或服务中的第一个，则不会存在可接受的通用术语。如果现有的通用术语太难理解且太过拗口又难以记忆，诸如阿司匹林"乙酰水杨酸"，公众可能会采用商标作为通用术语，从而导致其商标专有权丧失。为了避免这种损失，除了商标之外，还要创造一个通用术语，并促进公众采用和使用，例如，"ASPIRIN ^{TM} 止痛药"（阿司匹林商标）。

版 权

版权是一种排他性权利。它传达给所有者阻止他人复制、出售、表演、展览或改编作品的权利。版权期限取决于几个因素，但不得超过 70 年（如果您的计划期限超过 70 年，请咨询版权专家）。尽管登记赋予版权所有者多项优势，并且是提起版权侵权的前提条件，但登记不是法定要求。即时登记提供了一种使案件得以进行的补救措施。如果已出版作品在出版后 3 个月内登记，或者未出版作品在被侵权之前登记，则可以获得 15 万美元（或更多，加上律师费）的法定损害赔偿。

版权与专利的不同之处在于它们只保护实际的复制。另一个人创作的作品，如果没有抄袭，无论它与受版权保护的作品有多么相似，都不算侵权。此外，版权只保护思想的表达，而不是被表达的思想。因此，受版权保护的作品中包含的信息或数据不会针对他人的占有与使用而受到保护，但对作品表达和编排进行复制则受到禁止。

提示和技巧

版权保护的是思想的表达，而不是思想本身。

版权通常与小说、电影剧本、音乐和歌曲歌词等联系在一起。出于这个原因，由于保护范围有限，它们往往被商人忽视或忽略。然而，版权确实可用于保护产品手册和说明书、培训材料以及市场推广和销售出版物。更重要的是，版权已被用于保护计算机软件，尽管近年来，计算机软件经常成为专利申请的主题。

版权登记

当原创作品固定在有形介质上时，版权自动产生。例如，音乐作为笔记写在一张纸条上，或者其演奏记录在磁带或 CD 上。版权的登记可以在其生命期间的任何时间进行，只是在一个简单的两页表格上填写空白空间（说明印在表格上），附加（存放）一个或两个登记的作品复印件（见说明）和一小笔（目前为 35 美元）申请费，然后寄给国会图书馆即可。版权法没有专利法中类似的实施要求。在计算机程序上登记版权是完全可以接受的（并且通常也是这样做的），其中大部分程序从存档的副本中删除。这样，在对计算机程序进行版权登记的同时，也未向潜在的侵权者提供完整而可用的副本。

版权声明

版权声明由符号"©"或"版权"两个字组成，其后是首次发表的年份和版权所有者的名称。以前，没有版权声明的作品的发表会导致版权的丧失。

因此，有些人认为他们可以自由复制任何不含版权声明的作品。不要听信这种观点。版权法关于这一方面的要求在 20 多年前就发生了变化。

如果要从侵权人那里得到损害赔偿，版权声明仍然是一项要求，但未经声明发表的作品的所有者可以获得阻止进一步侵权的禁令。因此，仅仅缺少版权声明并不表示可以自由复制作品。同样，在发表之前，版权声明应该放在自己的每一份作品上。

澄清一点，版权登记不是使用版权声明的前提条件。因此，在版权局登记版权之前，可以在出版物中加上版权声明。

雇佣作品：听起来很简单，但事实并非如此

一般来说，雇佣作品是由雇员在其受雇范围内所创作的作品，或者如果双方以书面的形式明确约定，也可以是用来作为集体作品贡献的一份稿件。

作品的版权最初归属于创作作品的作者。但是在雇佣作品的情况下，雇主在法律上被认为是作者。因此，这种作品的版权归属于雇主。那么，由顾问创作的作品呢？顾问不是员工（如果你不相信这一点，只需询问国税局），因此，由顾问创作的作品（除了对集体作品的贡献之外）的版权归属于顾问，而不归属于客户。因此，例如，在没有书面版权转让协议的情况下，由顾问编写的计算机程序可以由客户使用，但不能由客户复制或升级（升级后的程序将是派生作品）。因此，确定所有被召集来制作电脑程序、广告和促销材料等的个人的准确就业状况是非常重要的。如果他们不是雇员，对于他们的工作范围内的作品，就要获得其书面版权转让协议。

是合理使用还是侵权

并非所有未经授权而使用受版权保护材料的行为都构成侵权。有些使用别人作品的行为是允许的，即使没有版权拥有者的同意。这种使用被称为合理使用，是受版权保护最重要的也是最不明确的限制之一。

该原则的法定依据，即美国法典第 17 编第 107 条规定了在确定用途是否合理使用时要考虑的因素。一般来说，为了促进公共利益，如批评、评论、新闻报道、教学（包括用于课堂的多件复制品）、学术或研究等受到支持，而商业性质使用则不受支持。

并非所有的商业用途都被禁止。大多数杂志和报纸都是为了盈利而运作的，但它们并不会被自动排除利用这一原则的好处。最关键的考虑因素之一

是，"所使用部分的质和量在作为一个整体的版权作品中的份额"。如果使用明显影响了版权作品之潜在市场或价值，不可能被视为合理使用。

在现实世界中

　　与生活中最常发生的事件不同，版权侵权于工作场所最常见。自认为诚实和守法的公民通常会在没有征得版权所有者许可的情况下为自己和同事复制杂志和技术期刊的文章，以及计算机软件。如果你是这群人的一部分，小心！有组织狩猎你。

　　版权许可中心有限公司在大量期刊出版物中实施版权。许可中心向复制其客户作品的人提供许可证，并对未经许可而复制的人采取行动。同样，商业软件联盟（BSA）对那些未经授权复制其客户专有计算机软件的人采取行动。例如，2001年1月，一家名为思特沃克（Thought Works, Inc.）的芝加哥企业同意向BSA支付48万美元，以解决思特沃克员工非法使用微软和IBM办公软件的索赔。

　　如果你正在进行复制行为，并且无法打破这个习惯或有大量未经许可使用软件的行为，最好在这些执法机构人员找到你前，主动找到他们。

总　结

　　专利是阻止他人实施专利发明的合法权利。专利并不保证专利权人自己有实施专利发明的权利。

　　专利类型有三种：发明专利、外观设计专利和植物专利。发明专利可以包括装置或产品、物质的合成物、制造方法或过程，现有装置或材料的新应用或由特定新工艺制造的产品（不可另外获得专利）。外观设计专利包括产品的装饰设计。植物专利包括无性繁殖的植物。

　　为了获得专利，发明必须是新颖的、非显而易见的和有实用性的。非显而易见性这个要求通常是需要跨越的最大障碍。如果申请专利的发明创造对于在相同领域具有一般技术水平的人而言是显而易见的，则该发明不具有可专利性。在这方面，值得注意的是，发明人及其律师有义务向专利局提供任何他们知道的与他们发明的新颖性和非显而易见性有关的现有技术。

　　发明专利包括说明书和权利要求书。说明书包括附图和本发明最佳实施例的书面描述。权利要求决定了专利垄断的范围。说明书必须提供足够的信息以使本领域技术人员能够实施专利发明（实施要求）。

　　专利律师的选择是一个需要在技术和法律技能之间权衡的复杂问题。与专利律师的有效合作可以将专利申请成本降至最低。

商标用于识别出现的商品的来源。服务标记在服务方面具有相同的功能。商标可能在州或联邦一级注册，也可以未经注册使用。未注册的商标被称为普通法商标。根据它们的区别性水平，商标可以被分类为臆造或任意、暗示或描述性商标。

在采用商标之前，应该进行检索以确定它是否确实可用。一旦获得通过，应正确使用商标以避免丧失其专有权利。

版权是防止他人擅自复制、传播或修改作者作品的权利。与专利不同，版权不能防止独立再创作。虽然传统上认为版权与音乐、文学和艺术作品有关，但目前在保护计算机软件方面的应用也很广泛。

版权赋予的专有权利受到合理使用原则的限制，允许在某些特定情况下未经授权部分复制他人作品。

第二章
配角：其他类型的知识产权
——商业秘密和专有技术、布图设计、竞业禁止与保密协议

阅读本章后，您将能够：

❖ 了解商业秘密和专有技术的性质
❖ 了解商业秘密和专有技术及其他形式知识产权之间的相互作用
❖ 制订保护商业秘密和专有技术的计划
❖ 了解布图设计的性质及其与发明专利的关系
❖ 登记布图设计
❖ 了解并准备竞业禁止与保密协议

商业秘密和专有技术

商业秘密是一种无法从通常渠道获得的，并能为拥有者带来竞争优势的信息。例如它可以包括化学配方、制造工艺、机器设计或商业方法。请注意，秘密不一定是绝对的；只需所涉及的信息不是广为人知即可。然而，一般的知识不能仅仅通过给它贴上这样的标签就转化为商业秘密。

在现实世界中

这很严重

根据 1996 年的《经济间谍法》，窃取商业秘密属于联邦罪行，可判处最高达 10 年的监禁和巨额罚款。

专有技术与商业秘密类似。从本质上说，商业秘密包括一组信息，其中的组成部分可能是单独已知的，但其汇编在一起具有竞争性价值。供应商名单、零件规格以及质量保证和测试程序通常属于这一类别。

与专利不同，商业秘密不涉及费用或成本，也不需要任何律师，没有法定要求，因此在可获得何种保护方面不存在不确定性。要做的只是把这些信息视为秘密。

然而，这是一个经常被忽视的要求。简单地说，如果信息被认定为商业秘密，它必须被其拥有者视为秘密。至少，它必须被标记为机密，并且应该采取合理措施来确保其安全性。将其存储在安全柜中，仅限于需要知道的人可以获得，通常被认为是一项要求，该要求如同书面保密协议和非公开协议一样，由所有有权接触该信息的人员执行，并且明确禁止任何未经授权的披露。另外，法院认为，在头顶盘旋的飞机上观察部分完成的化工厂的布置是不恰当的，而维持工厂秘密细节的合理步骤并不必然在整个设备上安装一个屋顶。

商业秘密可能是永远的。只要能保持秘密，它们的生命就会延续下去。当然，这也意味着，如果披露商业秘密信息或以其他方式获得该信息，它们可能随时消失。披露可能是疏忽（言多必失）或不当行为（从违反保密义务到行业间谍活动）造成的。此外，这些信息可能由另一方独立发现或创建——实际上是重新发现或重新创建的，或者是纯粹的偶然事件，或者是通过对商业秘密所有者的产品进行分析或反向工程破解。

这就是专利与商业秘密之间的重要区别：独立发现已经获得专利发明的侵权者依旧是侵权者，但商业秘密并非如此。只要秘密通过独立研究或反向工程合法地重新发现，一旦秘密被知道了，它就不再是秘密，因此不再受商业秘密保护。更糟的是一个独立发现商业秘密的竞争对手可以就该发明取得专利权（如果是可授予专利的），并且如果成功获得专利，实际上可以防止原始所有者使用他自己的商业秘密。

由于商业秘密既不涉及手续，也不涉及成本，因此有些人将其作为一种万能药——保护几乎所有知识产权的首选方法。不要信这种观点。虽然商业秘密在知识产权领域占有一席之地，但它们也有其局限性。事实上，它们特别不适合某些情况。任何可以通过产品检查确定的信息，只有在竞争对手购买样品并检查或将其携带到分析实验室前才是商业秘密。作为一个实际问题，商业秘密最好的应用在于保护制造或其他加工技术，这些技术是在私人自有设施下进行的，并且不能通过对由此生产出的产品的检查轻易地识别出来。第二个合适的应用涉及仅需要临时保护的信息。最常见的情况是，这涉及一种新产品或新方法，仅在市场推出前才寻求保护，以获得先发优势。大多数商业方法，如果没有专利，应该被视为商业秘密。

商业秘密保护的另一个缺点是，与专利或版权保护相比，实施的机会非常有限，而且因侵权而追回重大损害赔偿的可能性明显较低。侵犯商业秘密权仅仅是因为不正当地获取秘密信息。因此，如果披露是由工作失误造成的，例如，如果研究人员在科学研讨会上（或者在酒吧）说得太多，则不可能从那些获取和利用信息的人身上得到任何赔偿。此外，如果发生不正当活动（前面提到的工业间谍活动），只能向犯罪嫌疑人索取损害赔偿。通常，这只会导致无意义的胜利。

举例来说，让我们假设一个卑鄙的、不为人知的竞争对手贿赂技术人员泄露延长某些机床使用寿命的机器零件热处理的保密方法。进一步假设，这个靠非法手段获取信息的竞争对手后来利用这些信息生产出数百种工具，以低廉的价格将它们卖给企业原有的那些忠诚度不高的客户。这个商业秘密的拥有者立刻起诉了这个工具制造行业的败类，结果令前者懊恼的是，除了不诚实之外，这个可恶的家伙也是一个贫穷的商人，他宣布破产，留下了一个难以执行（昂贵的）的不令人满意的判决。与此同时，以前的客户在不知道这些卑鄙贿赂的手段的情况下，购买和使用这些工具，对商业秘密的原始拥有者不承担任何义务。相反，如果热处理工艺已经获得专利（具体来说，专利将包括"按方法权利要求制备的产品"，该产品直接指向这个方法制作的工具），则会获得完全不同的结果。在这种情况下，专利权人可以起诉使用这些工具的购买者并追回损害赔偿（有望以"利润损失"的形式出现，见本书第八章）。

尽管刚才所描述的商业秘密存在局限性，但它们代表着高价值的企业资产，不能掉以轻心。它们可以提供持久的垄断权，至少可以确保先发优势。商业秘密最明显的滥用之一是轻率地进行大规模专利申请，这种做法的主要目的是在专利申请中超过竞争对手，这主要是一些大公司的做法。需要注意的是，在获得专利时，人们放弃了潜在的商业秘密。在许多情况下，这种交换是一个公平的交易。但是，当专利被闲置在公司专利组合中，既没有许可也没有实施时，这种以公开商业秘密换取专利，并且为这些专利支付费用的行为无疑是一种浪费。

布图设计

半导体芯片是电子时代的核心和灵魂，它是由一种化学蚀刻工艺制成的，这种工艺使用被称为布图设计。这些芯片的研发成本可能很高，但制造成本却低得出奇。这种情况导致抄袭盛行（对芯片开发者来说是盗版，对芯片复制者来说是免费）。

作为实用的产品，半导体芯片不受版权保护（尽管芯片的设计图可以得到版权保护，参见本书第一章）；功能性的布图设计也不能被外观设计专利保护。虽然很复杂，但芯片通常缺乏发明专利所要求的非显而易见性。而且，目前的技术进步速度使得芯片通常在 2 年内就会过时——比在专利局处理专利申请的平均时间还要短。

为了在这种尴尬的情况下提供知识产权保护，美国国会于 1984 年通过了《半导体芯片保护法案》，创造了一种新形式的知识产权（实际上与版权密切相关的一种知识产权形式，一些方面类似专利）。该法案禁止复制具有一定程度独创性的布图设计作品——它们不能仅仅是现有设计的普通变化（这是从专利法中借鉴的一个方面）。

布图设计登记与版权登记非常相似，实际上由版权局管理。一经登记或进行商业利用就会受到保护，商业利用（首次销售、许诺销售或向公众分销其商品），以先发生的时间为准。但是，除已提出保护申请外，这种保护在开始使用 2 年后终止。如果进行登记，其从登记之日起享有 10 年的保护期。

虽然不是必需的，但布图设计作品的所有者可以在使用布图设计的产品包装上附加一个声明（包括"布图设计"单词、符号"M"或字母"M"加一个圆圈，以及所有者的名字或名称），从而对其受保护状态给予一个推定性的声明。

竞业禁止与保密协议

员工（广义上的定义）构成了一个公司的人力资本，也是智力资本的组成部分。离职员工会消耗公司的智力资本。更糟糕的是，他们可能会将公司的智力资本转移给竞争对手。事实上，谁会比竞争对手更看重公司的智力资本？那么，如何防止其知识资本落入竞争对手手中呢？这一问题的明显解决办法因美国宪法第 13 条修正案的批准而受阻，该修正案禁止强迫劳役。因此，一个次佳解决方案是竞业禁止协议。

竞业禁止协议是雇员与其雇主之间的合同承诺（律师的说法是协议）。该协议限制员工在离职时拥有接受其前雇主的竞争对手雇佣的权利。竞业禁止协议在两种公共政策考虑因素之间产生冲突：雇主需要保护其智力资本，而离职员工需要获得适当的新职位。解决这一冲突的办法是，要求协议的范围只限于对保护雇主来说是显然必要的。这些限制有三种：时间、地域和范围。

时间限制是指协议的期限，即离职员工接受竞争对手雇佣之前必须经过的时间。雇主的目标是留出足够的时间让离职员工掌握的知识过时或陈旧。显然，从雇主的角度来看，时间越长越好。然而，明智的做法是要记住，任何时间限制的合理性都是一个由陪审团决定的现实问题，而且在任何陪审团中，雇员的数量都可能超过雇主。实际上，任何超过 3 年的时间都可能被认为是高度可疑的。

在现实世界中

限制员工的发明转让

　　包括加利福尼亚州和伊利诺伊州在内的一些州制定了限制员工发明转让协议范围的法令。一般而言，根据这些法规，雇员有义务转让那些在工作过程中以及在雇主的指示下所做的发明。

　　地域限制是指离职员工在约定的时间段内不能接受竞争对手雇佣的地理区域。这种限制是基于这样一个前提，即雇主的业务仅限于特定的地域市场，离职员工在该市场以外的活动不能损害前雇主。地理限制适用于纯粹的当地企业，如美容师和理发师、干洗店、木匠等；然而，考虑到今天大多数企业的业务具有全国性（甚至是全球性的），这个前提的持续有效性或相关性就存在严重的问题。但是，如果雇主的业务确实是区域性的，那么这种限制会是解决冲突的可行方法。

　　最后，广度（也称为范围）限制是指对竞争对手的界定。例如，如果有人在水暖供应行业工作，竞争对手是限于其他水暖供应公司，还是包括所有硬件公司？今天，许多公司包含不止一项业务，垂直一体化企业和联合企业尤其如此。这些公司的竞争对手非常多。（例如，考虑一下有多少公司与通用电气公司的某个组成部分以某种方式竞争。）因此，有必要尽可能窄地确定禁止范围。请记住，目标仅仅是防止离职员工利用掌握的保密知识对前雇主造成损害。

　　保密披露协议，即所谓的保密协议（NDAs），概念上与竞业禁止协议相关。实质上，每个协议都是指定信息的接收者应仅将该信息用于特定目的并保守秘密。尽管保密协议不属于适用于竞业禁止协议的公共政策问题的范畴，但它们应受到一定的实际考虑。因为它们被广泛使用，所以仔细研究和理解这些限制是值得的。

　　在接受保密信息之前，预期信息接收方应确信保密和有限使用的义务，至少不会限制他使用已经拥有的信息或可能随后从其他来源获得的信息，他对此应没有任何负担。显然，这样的确信即使可能，也是很难的，部分原因是接收者往往不能准确地预先确定哪些信息将被披露，也因为接收者往往不能准确地确定他的公司已经拥有的信息。此外，由于缺乏预见性，预期的接收者无法预见未来可能拥有哪些信息，或者哪些信息可能由他的工作人员独立开发。

　　将保密披露协议规定的义务中的某些信息去除通常可以解决这个问题。尽管使用的确切语言可能有所不同，但这些例外适用于以下信息：

- 属于公共领域的信息
- 已被接收人掌握的信息
- 随后从接收方未知的负有保密义务的来源获得的信息
- 信息所有者向没有任何保密义务的第三方透露的信息
- 随后由接收方独立创建，而不借助所公开的材料的信息（这最后一个例外往往是有分歧的，因为它需要高度的信任）

尽管存在这些标准的例外情况，但预期接收方应尽可能清楚并详细地描述将要披露的信息。最后，这项义务应该有一个时间限制。理想情况下，当要传达的信息变得陈旧时，它就应该到期了。通常，保密披露协议的条款有效期不超过 3 年。请参阅附录 C 了解保密协议样本。

总　结

商业秘密一般是不被大众所知并赋予其拥有者竞争优势的信息。同样，专有技术是一组信息，其组成部分可能是单个已知的，但其整体具有竞争价值。必须采取合理的措施来保护商业秘密和专有技术的秘密性。

商业秘密和专有技术可能由于疏忽、不当活动（工业间谍活动）或独立再创造（包括反向工程破解造成的再创造）而丧失，当不当活动发生时，只有实际的违法者对损害负责。

商业秘密在专利申请中公开时便失去其秘密性。放弃商业秘密是为获得专利而付出的代价。

布图设计，即半导体芯片制造中使用的模板，可以通过版权局登记受到法律保护。这种登记尽管是有限的，但是提供了快速和低成本的知识产权保护。

竞业禁止协议限制离职员工接受其前雇主的竞争对手雇佣的权利。这些协议旨在保护雇主的智力资本，公共政策要求此类协议包括时间、地域和范围限制，以免过度禁止前雇员获得新的就业机会。

保密披露协议也称为 NDA，旨在允许对机密信息进行受控或有限的披露。根据这样的协议，专有信息的接受方同意保密并且仅将其用于特定目的。

表 2.1 和表 2.2 提供了各种知识产权类型及其条款的快速参考，以及它们可能用于保护的知识产权资产类型的举例。这些表格仅用于说明之目的。由于存在许多例外情况，因此在任何情况下都应该咨询专业人士。知识产权工具的适用性取决于具体情况。

表 2.1　知识产权比较表

	发明专利	外观设计专利	商标/服务标记	版权	商业秘密	布图设计
保护范围	产品、设备、方法、商业方法	工业设计	识别商品或服务来源的词语、短语或符号	创意作品的表达，如图片、小说、音乐表演、广告文案等	保密的机密信息	布图设计——用于半导体芯片制造的模板
期限	20 年	14 年	只要使用，永久	最低 70 年	只要保密，永久	10 年
是否要求注册	是	是	否	否	否	是
审查	是	是	是	否	不适用	否
获得和维护成本	高	中等	低	低	低	低

表 2.2　知识产权保护表

	发明专利	外观设计专利	商标/服务标记	版权	商业秘密	布图设计
制造品	是	是			可能	
制造方法	是				可能	
计算机软件	是				可能	
商业方法	是				可能	
商号			是			
产品说明书				是		
培训手册				是	是	
半导体芯片						是
公司标志			是			
化合物	是				可能	
织物印花图案		是				
照片				是		
小说				是		
剧本				是		
音乐表演				是		
运动中的一系列动作	是					
网页		是		是		
互联网域名			可能			

第三章
保护研发成果

阅读本章后，您将能够：

❖ 认识到适当公开对保护发明的重要性

❖ 成功激励发明人

❖ 了解发明公开表格的各个部分

❖ 确保员工为公司发明的任何东西都属于公司

把它写在纸上

开发新技术只是战斗的一半。技术或任何其他知识资产必须得到保护，才能充分实现其潜在价值。

智力资本是脑力的创造。在它能够被保护，甚至被使用之前，必须由其发明人予以披露。更具体地说，必须向那些负责使用它和保护它的人公开。

提示和技巧

每个研发项目都需要实验笔记。发明过程的每个步骤每天都应该在实验笔记本上仔细记录下来，每一页都必须注明日期并由发明人以外的两个人见证。

适当的披露对于可受专利保护或商业秘密保护的发明而言尤其重要。显然，只有在知道其存在和性质之后，才能采取措施保护发明。除非有适当的鼓励和引导，否则许多发明人不会披露他们的发明，从而吸引那些有责任保护它们的人的注意。有些发明人忙于其他任务，或者太懒惰，无法妥善披露他们的工作。有些发明人过于谦虚，拒绝承认他们工作的重要性（和价值）。有些人不了解知识产权和其有关保护规则。定期的简短会谈或介绍可以解决这种缺乏了解的问题。

我们建议企业准备一些标准化的发明披露表格，并将发明披露和绩效评估纳入研发人员以及中层管理人员的岗位职责中（请记住，现在业务方法和流程也可以获得专利）。

要克服信息披露的其他障碍，最好的办法是求助于人类最强大的动机：自利（没有比自利更有趣的事了）。

许多企业，尤其是具有长期和非个性化沟通渠道的大型企业，都制订了所谓的发明人奖励或激励计划。尽管这些计划的细节各不相同，但它们通常会在提交专利申请时向发明人或共同发明人提供现金奖励。第二种通常较大的奖励是在发明专利授权时支付给发明人的，其目的是诱使发明人在专利申请方面予以合作。在许多情况下，这些奖励是不够的，不足以激励员工。

应该指出的是，这些奖励的性质并不是对发明进行补偿。相反，它们是一种象征，是公司对发明人贡献的认可。企图用他们的发明获得的一部分利润补偿发明人的做法已经证明会适得其反。虽然在美国并不普遍，但这些计划在欧洲几个国家是由法律强制实施的。在鼓励创新的程度上，这些计划已经失败了。主要结果似乎是：发明人怀疑他们被骗了（毕竟管理是记账）；引起那些没有被命名为共同发明人的人的愤怒；变成企业将自己的发明商业化的政治活动；造成妒忌；以及总体而言劳动力的割据化。此外，许可或转让知识产权的可能性受制于发明人的要求，发明人实际成为任何谈判的当事人。一次性给予发明人价值可观的货币奖励可能会更为有效。

在几乎所有的企业中，创造发明都遵循帕累托80/20规则——80%的发明是由20%的技术人员创造的（注意没有使用工程师这个词，很多多产的发明家都是产品设计师）。找出这些人并让他们开心十分必要。

发明披露表

发明披露表适用于从发明人处获取准备专利申请所需的信息。披露表样本可以在附录G中找到。按照说明，这些表格通常要求简要描述发明解决的问题，并说明以前的解决方案或尝试解决方案，以及它们为什么不完全令人满意。要求鉴别已知的现有技术，并描述本发明，最好加上附图或草图。接下来，通常要求发明人指出本发明的哪些方面是新颖的，并考虑可以对本发明进行哪些修改或变更。这些问题旨在引出专利权利要求书中的信息。最后，要经常指出关于本发明的可能应用、首次销售日期、出售报价或以书面形式公开发明、其估计价值或重要性以及它可能被投入使用的地方等的相关问题。最后的这些问题旨在引出在确定提交专利申请的优先次序和确定应该寻求专利保护的国家（稍后更多关于此问题）时使用的信息。

> **提示和技巧**
>
> 为了证明发明的概念日期，可以使用基于互联网的数字公证服务，例如 www. digistamp. com、www. genuinedoc. com 或可以通过搜索"数字公证服务"找到的其他服务。

也有必要要求发明人确定本发明在除企业竞争行业以外的行业中的可能用途，其也是有价值的，有助于未来将本发明许可给他人。

我们还记得，专利从业人员最常见的做法是按起草专利申请所花费的时间付费。因此，应该理解的是，一个完备的发明披露表不仅可以提高基于该表格的专利申请的质量，还将通过减少专利从业者必须花费在撰写上的时间来降低申请的成本。在理想情况下，专利从业人员只需起草专利权利要求书，事实上，这种撰写专利申请的方法在日本已得到广泛应用。在专利从业人员与发明人很少或根本没有接触的情况下，发明披露表的质量变得更加重要。

> **提示和技巧**
>
> 发明披露表可以按照"发明披露计划"提交给美国专利局，该表由后者保留 2 年，并可在此期间提交的后续专利申请中被引用。

确保你拥有它

你创造一项宝贵的知识产权，却发现你已经失去了它，或者更糟糕的是，你不拥有它——它竟然是别人的，也许很少有事情像这样令人沮丧、尴尬或可能威胁到职业生涯。

法律明确规定，发明人在履行其职责过程中所做出的发明属于其雇主。尽管如此，让这些员工参与可能会带来创造发明的任务已经成为一种普遍的做法（人们应该遵循这种做法）。也就是说，工程师、产品设计师以及最近的软件设计师履行书面协议，即发明转让协议，承认其在受雇期间可能做出的任何发明属于其雇主，并有义务披露此类发明，以及予以合作确保获得专利或其他保护。附录 D 就是一份发明转让协议的示例。

然而，今天商业方法专利的出现为许多专业人士打开了"专利局的大门"，如会计师、销售人员和市场营销专家，他们以前并不被认为是可能的发明人，因此一般不需要履行发明转让协议。如今，所有员工都应该被要求履行发明转让协议。（注意：此事应由劳工律师审查，可向其询问是否需要额外的考虑。）

并非所有的发明都具有可专利性。有些可专利的发明不应申请专利。（后面会讨论原因）。然而，许多这样的发明仍然可以作为商业秘密加以保护——如果他们保密的话。因此，披露后必须继续保密。出于此原因以及其他原因，获取保密信息的所有人员（其中几乎包括所有人）承诺保持沉默是很重要的。这种承诺当在商业环境下做出时，通常被称为保密协议。保密协议样本见附录C。

提前计划保护

许多商业公司以及个人发明人仅在发明完成并准备投入市场时才考虑专利。的确，许多潜在的专利权人等到实际上可能的最后一天才提交专利申请（有时，他们等到最后一天之后，为专利律师的职业过失保险承保人制造麻烦）。这种被称为"追溯式专利申请"的方法本质上主要是防御性的——它旨在保护新产品的市场。此外，这些公司通常会限制或狭隘地将他们的创造性活动集中于被视为核心业务的领域，并因此开发一些相应的有限或狭窄的专利组合。他们认为专利只有在其现有业务范围内的技术方面才具有价值。

然而，越来越多的发明在被完全论证之前就获得了专利。许多发明人现在不是在等待原型的建立、测试和精练之后再寻求专利保护，而是就构想的实验的结果提出专利申请。这种方法被称为展望式专利申请。追溯式专利大多是防御性或核心专利，而展望式专利大多是进攻性或非核心专利。

除了保护新开发产品的市场的传统功能外，展望式专利还被用作与其他企业进行交叉许可谈判的筹码，允许专利权人放弃其选择的不准备商业化的发明的专利保护，以换取继续生产被其他竞争对手的专利所阻止的产品的权利。

展望式专利包含潜在反诉的基础，也可能有助于阻止竞争对手与专利权人交叉诉讼。它们可能会因许可或出售来增加收入，并且在当今的经济中，他们可能会有助于（或甚至使其）专利权人融资。

总　结

一项发明只有在向负责保护的人员披露后才能得到保护。发明披露表是确保此类公开的一个工具。可以组织制订各种发明人奖励计划，以鼓励披露发明和合作以确保对这些发明的保护。

企业应确保它拥有由其员工创造的发明和其他知识资产，这可以通过使用发明转让协议来完成。

第四章
了解你所拥有的（知识产权审计）
以及其他人拥有的（竞争情报）

阅读本章后，您将能够：

❖ 了解知识产权审计的目标

❖ 了解由外部企业（而非内部人员）执行知识产权审计带来的优势

❖ 在你的投资组合中识别核心、非核心和无用的专利

❖ 通过监控其专利和专利申请，获取关于竞争对手业务和产品计划的有
用信息

❖ 了解专利地图的优势和局限性

知识产权审计

公司通常不知道或不完全了解其知识产权的范围和适用性，套用一位企业
高管的话说，"如果我们当时知道我们现在所知道的，我们的规模将会是现在
的 2 倍"。纠正这种认识缺乏的方法是知识产权审计。

知识产权审计有几个目标：

• 确定一个公司可能拥有的所有知识产权

• 确保所有已识别的财产得到妥善分配和保护

• 确定那些值得保护的知识资产，从而将其转化为知识产权

• 找出在知识的系统提取和智力资本转化为资产中存在的任何漏洞

• 找出公司在辨别和保护这些资产时所遵循的程序中存在的任何漏洞、
问题或不足

在理论上，审计可以由外部机构（如知识产权律师事务所或知识产权管

理公司）执行，或者在内部完成。虽然内部处理具有明显的优势（它是免费的），但它几乎总是最糟糕的选择。从本质上说，在内部进行有效的审计需要从业人员：（1）承认自己的缺点和错误（不太可能）；（2）指出同事的缺点和错误（每个人都知道这会导致什么）。让专业人士来处理是值得且必要的。

通常，在审计开始时，审计员将提交一份详细的由被审计公司（以下简称"被审计方"）回答的问题清单。提交这份问卷之后，通常会与被审计方的联络人员和主管会面，会面时，要讨论和回答问卷中的问题。

调查问卷主要是为了获取知识产权创造或取得的信息，以及采取了哪些措施（如果有的话）来保护这一资产。彻底的审计还将深入探讨被审计方在记录和保护其知识产权方面所遵循的程序。附录 E 是一份知识产权审计的问卷样本。

接下来要根据问卷调查的答复和后续调查的结果，编制一份知识产权清单。该清单通常包含对个别项目的确认和对其法律地位的描述。此外还要提出采取进一步措施保护这些特定项目的建议。通常，审计将表明知识资产可能是在给定的项目或计划的过程中创造的，或者存在于将来，以及资产可能创造的重大可能性。在前种情况下，可能需要进一步分析才能提供明确的答复。在后一种情况下，通常会强化对项目或计划的认识和仔细的监控。

在这方面，应当认为，知识产权是潜在的，无论何时何地，只要努力致力于解决问题或满足需求，就会创造出来。这一观念在技术研究和产品开发方面已被普遍接受。然而，它也适用于市场研究、销售和促销材料的准备、会计和控制系统的开发以及新的经营方法。在适当的情况下，可以提供一些工具来保护所有这些努力的成果。要检查一切，不要忽视任何问题。

除了关于单个财产项目和具体计划的建议之外，知识产权审计还应包括确定和保护未来可能产生的知识产权的政策或程序建议，一旦这些政策和程序得到采纳和实施，结合参与审计过程获得的经验，随后，就完全可以在其内部进行定期审计。然而，应该由独立的（外交方式说"外面"）人员对发生的重要事件或不寻常事件进行审计，例如业务部门的收购或剥离，或者被审计的业务是与另一方的合资企业展开的。

如果没有适当的发明转让协议，公司可能不会拥有知识产权审计所发现的知识产权。因此，审计应该包括对所有的咨询协议的审查以及对所有员工签署的发明转让协议和保密协议的审核。

在最近发生的兼并或收购事件中，知识产权审计应该确保幸存的实体不仅在合同上拥有知识产权资产，而且所有权的转移已被适当记录（例如，专利转让已记录在美国专利商标局中）。

在现实世界中

不要假设——验证

即使是大型的、富有经验的企业偶尔也会搞砸——比如大众集团收购了劳斯莱斯汽车公司的所有资产，大众得到了工厂、设备、零部件和装备。然而，令他们吃惊和懊恼的是，大众并没有得到著名的劳斯莱斯商标。随后的调查显示，劳斯莱斯汽车公司不拥有该商标；相反，劳斯莱斯飞机引擎公司，一个完全独立的实体，却拥有该商标。此外，根据其条款，该商标使用许可证基于汽车公司所有权的变更而终止。

专利审查委员会

对于每个（有希望）可获得专利的发明都必须回答的一个问题是在哪些国家寻求专利保护。在专利授权后，应提出并回答的后续问题是专利的维护（即定期的政府专利维护费的支付）是不是经济合理的。这个问题最好由专利委员会来回答。

一个专利委员会通常至少包括来自法律、市场和工程部门的代表。在某些情况下，工程团队可能包括制造、产品开发和基础研究方面的专家。总的来说，委员会成员应该了解他们的雇主的产品计划（强调当前）的状态，以及对竞争对手的产品、方法和计划的可用信息。此外，他们应具有技术专长和远见，以评估一项发明目前和将来的适用性或实用性。如果有的话，也应该包括一名内部专利从业者和一名许可管理人员。

委员会的职责是定期审查整个专利组合，包括发明公开、未决的专利申请和授权的专利，以决定：

- 哪些发明公开的内容应该可以成为专利申请的主题
- 未决专利申请的持续是否得到保证
- 是否要寻求外国专利保护，如果是，在哪些国家
- 是否应维持已授权专利或允许其失效

适当的会议频率与要审查的投资组合的规模成比例，在一定程度上与行业计划和技术的变化速度成正比。委员会至少每季度召开一次会议，大多数大型企业召开月度会议。

应该强调一下委员会在保护企业知识产权和控制成本方面的重要性。由于委员会的审议占用了本来可以用来实现部门目标的时间，部门领导可能会倾向于委派他们最不具生产力的人员担任委员会成员（这种选择过程对于有军事

经验的人应该是熟悉的）。由这样的人组成的委员会可能比没有委员会更糟糕。应尽一切努力在所有有关方面确保委员会由最有能力的人员、而不是最不称职的人员组成。

如果知识产权审计是在内部进行的（不建议这样做），那么第一项工作可能是创建一个简单的，包括所有专利、商标、服务标记、版权、商业秘密在内的时间表。

在编制了时间表后，要移除过期或失效的专利和商标，并核实所确认的每一项知识资产的状况（如果某些权利最近已经失效，例如未支付专利维护费用，如果立即采取行动，可能会恢复权利）。

制定一份重要日期的时间表（专利维护费交纳或许可证续期时间），并创建一种及时行动的机制来防止未来的权利丧失。

专利组合审计——专利分类

知识产权审计的目的是识别和保护知识产权。专利组合审计，可能被认为是知识产权运用过程中的下一个步骤，对专利组合中的专利进行分类以便分清良莠。

多年来，大公司倾向于在其专利组合中积累大量的专利，这些专利有些是由企业并购而获得的。许多这样的专利都是无人知晓的，在收购或幸存的企业中无人问津。专利组合增长的另一个原因是任何人都不愿意承担放弃专利或者未决专利申请的责任。新的专利不断被添加到专利组合中，但没有或者很少被删除（就像 Roach Motel™ 一样，"他们只登记，不退房"）。

专利组合的维护包括直接（显性）成本和间接（隐性）成本。当然，直接成本是申请费用和在申请过程中所产生的维护费用，以及随后在专利组合中维护专利的费用。虽然不那么明显但更重要的是，间接成本是在专利申请中公开的商业秘密的价值损失。间接成本也就是所谓的机会成本——在某种程度上，如果将资金用于专利申请和维持已授权的专利，而这些专利不会促进商业目的的实现，那么这些支出就是浪费。

类似的（尽管不太明显），不能从专利组合中提取价值也构成了对企业资产的浪费。有效的管理（保持轻松的工作）要求避免或消除这种浪费（更多关于谁负责的热点话题，请参阅本书第七章）。

构成专利组合的专利和专利申请可以分为三类：核心、非核心和无用。

核心专利是涵盖关键技术的专利。它们提供了企业的生产过程、产品或服务的排他性。核心专利应得到有力的实施，以维持他们想要获得的独占权。核心专利的实施不力导致了伴随竞争而来的两大弊病：市场份额的丧失和价格的侵蚀（参见本书第七章关于核心专利许可责任的讨论）。

非核心专利是那些涵盖了有用的或潜在有用的技术的专利，但对公司的竞争地位并不重要。例如，它们可能涉及公司决定不上市的产品或服务，或者公司选择不使用的工艺流程。然而，这些特有的产品、工艺或服务可能是他人感兴趣的（这种意义上的兴趣意味着愿意支付）。因此，收益可以通过转让（律师的说法是出售）许可或非核心专利来实现。然而，这样的生意很少能让你走出家门。非核心专利的许可是一项复杂且耗时的任务（尽管通常是极其有利可图的）（参见本书第六章）。建立一个专利许可或知识产权管理小组，致力于从现有的知识产权组合中提取价值，或许是一项非常有价值的工作。

无名专利，其名不虚。一般来说，它们涉及过时的技术或看似有前途但未能如期发展的技术——技术死角。在其他情况下，它们可能代表着由标准制定机构所回避的良好的技术发展，这使得它们几乎毫无用处。他们没有提供任何竞争优势，也没有提供任何产生收益的合理可能性。企业应该减少损失，放弃这些专利。

谁来进行这项专利分类？答案首先是专利审查委员会。的确，如果委员会能够正确地履行其职责，就不应该有这样的无用专利的积累——这样的专利会迅速被识别和抛弃。同样地，在对一项值得提交专利申请的发明作出集体决定时，委员会要确定它要么对公司的竞争地位（核心专利）至关重要，要么是对获得经济收益（非核心专利）抱有希望。委员会每次审议关于专利申请的后续支出，即申请费用、授权费用、外国申请费用和维护费时，都要重新审议这一初步决定。

因此，由于公司计划的改变，一项曾经被认为至关重要的发明可能被降级为非核心地位(技术状态的变化或开发的失败通常会导致一项发明被认为是无用的)。委员会的职能是应对这些变化。实际上而不是事实上，专利委员会应该有一份成熟非核心专利的清单，并对专利许可有适当准备。委员会成员还应能就这些技术的潜在用途和许可提供许多有用的建议。

竞争情报

竞争情报是了解你的竞争对手拥有什么，并利用它来获得你自己的优势的艺术。专利监控和专利地图提供的信息在许多方面都是有价值的——从指示你竞争对手的研究和开发活动的性质和方向，到帮助你确定竞争对手是否侵犯了你的专利。

专利柔道——将你的竞争对手的优势转化为劣势

在商业领域，有两种专利：一种是自己的，一种是竞争对手的。前者保护企业的技能、劳动、创造力和资金投入的成果。它们阻止那些缺乏想象力、缺乏原则和无情的竞争对手（现在的和潜在的）盗用本企业的工作成果，盗取本企业的发明。

竞争对手的专利是垄断的工具——扼杀竞争的市场准入障碍。对此，人们不能过于客观：自己的专利是资产；竞争对手的专利是一个问题。这完全取决于你的有利位置。

显然，第一种专利带来了巨大的利益，因此，这些专利应该引起重视。不太明显的是，价值也可以来自第二种专利，即竞争对手所拥有的专利，因为它们包含了关于竞争对手的开发、生产和计划的许多有价值的信息。出于这个原因，它们也应该受到重视。

竞争对手的每项专利都描述了产品或方法或其改进，竞争对手认为其有足够的价值填补专利的成本（从业者的起草和申请费、文件费、授权费用和维护费用，更不用说在专利申请中丧失的潜在商业秘密价值的损失）。显然，人们不应该对单个专利或已公开的专利申请赋予太多的意义。计划和市场可能会改变，显然有希望的开发可能会被证明是有限的或有缺陷的。尽管如此，从竞争对手的专利中至少能找出专利权人感兴趣的技术或产品。此外，在密切相关的技术或产品上存在多项专利可能被认为是未来活动的可靠预测指标。简单地说，竞争对手花了很多钱来告诉世界他打算做什么，而对此不给予适当的注意是愚蠢的。

有多种方式可以获得这些有价值的信息。最经济的方法就是查询美国专利商标局的官方公报。本公报包含前一周授权的每一项专利的摘要和摘要附图，以及发明人的姓名和（如果该专利已被转让）受让方的姓名。这些专利是根据专利局分类排列在公报上的。因此，所有与某一特定技术领域相关的专利被分为一组，从而可以随时浏览以确定感兴趣的专利。

此外，公报包括了发明人和受让方的索引，允许对转让给特定公司的专利或有特定发明人的专利进行鉴定。一旦确定了感兴趣的专利，可以从专利局订购副本或者通过各种各样的供应商在线获得副本。或者，在指定的技术领域内，可以向美国专利商标局提交一份委托书，以获得所有授权专利的副本。专利从业者可以对新授权的专利进行同样的持续监控——这并不奇怪，这被称为专利监控（patent watch）。［从业人员一般都渴望提供这样的服务，因为这种服务提供了一个机会，可以让律师助理、职员或（有时是）计算机为其所做的工作收取大量费用］这类专利监控可能仅限于美国专利和已公开的专利申请，或可扩展至欧洲和日本在授权前已公开或授权的专利申请。

以前，美国专利申请是保密的，人们需要对《专利合作条约》（PCT）的备案文件进行监控，这些文件在 18 个月后才会公布，以便公众了解相应的美国专利申请的内容。然而，如本书第一章所述，在美国于 2000 年 11 月 29 日之后提交的所有专利申请，也将在 18 个月后公布。（一些发明人可能会选择放弃申请相应的外国专利申请，并要求他们的申请在美国专利商标局受到保密。）

提示和技巧

现在大多数专利检索可以在互联网上完成，而且很容易实现自动化。Nerac（www.nerac.com）等信息提供商可以监控所有新发布的专利，识别转让给特定公司的、属于特定技术或分类号或包含感兴趣的关键字的专利。

为了检索美国的专利，你还可以访问美国专利商标局网站（www.uspto.gov）或 Delphion 知识产权网（www.delphion.com）。汤森路透（Thomson Reuters）是最有用的数据库之一（http://science.thomsonreuters.com/）。同样地，人们可以监控任何竞争对手的员工发表的与特定技术领域相关的文章，或者包含某些关键字的科学和技术文献。例如，Nerac 提供了这样的服务。

通过仔细检查竞争对手专利的首页，可以获得关于竞争对手活动的进一步信息。专利标题页包含了大量的信息，包括在申请专利时引证的现有技术的列表。专利引证的现有技术有三种：一是专利；二是外国专利；三是研究出版物（科学论文和会议论文集）和其他非专利的现有技术。计算被引用专利的中间寿命，一个叫作技术周期的参数可以帮助我们推断竞争者的研发活动与尖端研究的关系有多密切。引证最近的专利可能表明研发项目与技术的状态是同步的，或者至少是接近于现状，而陈旧的专利引证的优势可能表明，开发活动仅仅是为了改进陈旧的技术。

类似地，在授予一家公司的专利中，平均引证科学出版物的次数（科学引用指数）可以揭示这家公司的研发项目更倾向于基础研究还是产品开发。对基础研究的主要关注表明，长期的计划可能会使这样的公司获得未来的竞争优势（详见本书第十章）。类似的监控程序可以适用于公司的商标和受版权保护的材料。

机会信号

问题经常被问到（或应该是）"我如何发现谁在侵犯我的专利？"这个问题的一个答案是"看看别人的专利"。印刷在每个专利的最上面的是在其申请过程中引证的现有技术参考文献的清单。从广义上讲，这些现有技术文献参考资料指出了专利发明所依赖的技术。换句话说，专利发明在很大程度上或多或少都是对引证的现有技术的改进。还记得红色消防车吗？如果一项专利被引用为另一发明人拥有的一项专利中的现有技术，那么另一项发明的实施很有可能构成对被引证为现有技术的专利的侵犯。

监控新授权的专利——特别是那些转让给竞争对手的专利——来确定你的专利中被引证为现有技术的专利。如果发现了这样的专利，确定新专利的受让方是否在实践先前的专利发明。如果正在实施专利发明，请仔细检查新专利的产品或服务，以确定是否发生了侵权行为。很可能会有一个专利实施的机会（专利侵权是一个实施的机会，就像"泰坦尼克号"上的巡航船是游泳的机会一样）。如果新发现的专利权人没有实践自己的专利发明，这可能是由于各种因素，包括对被引用的现有技术专利侵权的担忧。因此，这可能是一个许可的机会（参见本书第六章）。

专利地图

在当前的知识产权著作中，最受欢迎的话题之一是专利地图。专利地图听起来非常复杂，但实际上很简单。简单地说，专利地图是专利数据的可视化，实际上是图形化或表格式。所呈现的数据可能与自己的专利或竞争对手的专利有关（即竞争情报数据），下面是更常见的专利地图的几种应用。

（1）标杆管理。这是对各种竞争对手所持有的专利数量的展示，尤其是那些被认为是最好类型的专利。这些数字可能只是简单地列出（一个企业拥有的专利总数），或者是根据主题进行的分类。标杆管理是为了便于将公司的知识产权组合与竞争对手的相应组合进行比较；然而，这种分析的缺点在于它没有考虑到专利的质量。相反，它建立在一种隐含的假设之上，即所有的专利都具有同等的范围、有效性和可实施性。因此，也就是说，它具有同等的价值，当然，实际并非如此。

（2）竞争预测。如前所述，对竞争对手专利组合的分析可以帮助预测新产品和竞争对手可能采取的总体方向。如果关注专利组合中的变化（即现在竞争对手的专利是什么），则可对此分析进行细化。如果仅仅考察已经开发并积累了多年的完整专利组合，那么目前的这种努力可能会被掩盖。

（3）专利集群。专利可以根据它们的技术领域进行分类。为了便于分类，可以利用专利局的分类方案（专利局已经为我们做了这项工作），或者使用其他方便的体系。当在一个专利组合中绘制大量的专利时，要将相关的类别分在一组。因此，从理论上来说，既可以确定广泛的集中区域（否则会被掩盖），也可以确定更广泛区域内的集中区域。

（4）绘图。专利组合绘图与集群分析相关（别担心，这不会引发民权问题）有关。一旦对专利组合进行了分析并绘制出各种技术类别的专利数量的图，就可以看出合成图描述了专利组合——并通过推理，描述了投资组合的所有者——就像 DNA 样本的图描述了样本供者一样。通过比较这些图，理论上可以确定可能的被许可方、收购目标或合并伙伴。当然，这里的关键问题是"我们在寻找什么——优势或劣势，相似性还是非相似性？"答案取决于开展调查的理由。

（5）杂项专利组合信息。文献已经指出，专利地图可以用来突出专利组合的各种特征。因此，举例来说，以各种发明人的名义授权的专利数量可能会以柱状图表示出来。此处的要点是曲线图上的高点显示了最多产的发明人。甚至有人建议对这种分析细化到确定专利发明人不再受雇于专利权人企业的专利数量（发明人就业分析）。类似地，人们可以专利年龄为横坐标来绘制专利数量图。这是为了提供投资组合老化的迹象，并预警即将到期或技术已过时的专利。

专利地图的概念虽然很有用，但在某种程度上被夸大了。它最适用于对规模可观的专利组合进行分析，以揭示其趋势。当应用到小的专利组合时，它可能会产生误导。此外，它还有一个显著的滞后时间——专利申请直到最早提出的优先权日后 18 个月才公开。

总 结

知识产权审计提供了一种手段，可以对公司的知识产权进行盘点，并确保所有这些财产都得到合理地配置保护。它还提供了对有价值的知识资产的识别和记录，并纠正公司在处理此类资产时所遵循的程序中的任何缺陷。

专利审查委员会定期审查公司的专利组合，以决定是否继续专利申请、维护授权专利以及提交国外对口申请的可行性等有关的问题。

关于竞争对手的开发、计划和产品的许多信息都可以从对其专利的审查中获得。这些信息可以仅通过查阅美国专利商标局的官方公报或从各种服务提供商那里获得。对竞争对手的专利的审查也可能会发出自己的专利被侵犯的警告。专利地图是专利数据的视觉化呈现。

第五章
它价值多少？知识产权价值评估

阅读本章后，您将能够:
❖ 了解各种知识产权评估模型
❖ 了解侵权、企业文化、民族文化、专利权人实施专利权的能力等因素是否会影响专利价值

在致力于创造、确认和保护知识产权的过程中，读者可能想知道它到底价值几何。（如果不是这样，那就是他们应该已知道。）毫无疑问，无论是实际的还是潜在的风险投资公司、银行家、股东和其他投资者也在询问此问题。

评估模型

知识产权，就像任何被买卖的财产一样，也具有一定的市场价值。在缺乏一个有效率的技术交易市场（一个市场上有许多买家、卖家以及免费提供的价格信息）的情况下，要确定特定技术的市场价值可能相当困难。尽管如此，有几种评估模型可以用来评估知识产权。最广泛使用的模型包括历史研发成本、重置成本、折现收入流（也称为"收入方法"）、市场价值（也称为"可比售价方法"）和递增价值。

重置成本

历史研发成本法通过评估产生特定技术的历史研发成本来评估该技术，简单地说，它是在创造该技术财产过程中所发生的实际费用（研究、开发和法律成本等）的总额。当采用此方法时，它基于一种隐含的假设，即每一美元投资于研究时，等于同其投资于其他方面所获得的利润。这个假设的谬误应该

很容易理解。依照这种想法，昂贵的失败投资比廉价的成功投资更有价值。然而，因为重置成本是完全基于精确的、可验证的历史数据，因此它深受会计师和其他同行人士欢迎。但我们不要偏听偏信，历史研发成本法唯一的（非常有限的）价值是作为重置成本的替代品。

在现实世界中

昂贵的失败

研发核动力飞机的尝试可能是现代最昂贵的研发失败。根据重置成本评估方法，这种失败的最终结果是损失达数十亿美元（对此，没有人会支付一毛钱）。

理论上，重置成本就是重置或重塑财产的成本。虽然理论很健全，但实践却很薄弱。在实践中，重置成本被认为与开发成本相同，尽管存在理论上的差异（开发成本是一种历史价值——该技术在开发阶段的实际成本，而重置成本是对现在达到相同结果所需花费的估算成本，这可能差异巨大）。

然而，这并不意味着重置成本法没有用处。它对商业秘密和专利的估价具有一定的适用性。回想一下，商业秘密可能通过反向工程或独立开发合法发现。基于此，商业机密的价格不应该超过自己在实验中重新发现它的成本。因此，重置成本（独立开发或反向工程的成本）实际上给商业秘密的价值设定了上限。

反过来，商业秘密的上限值是基于商业秘密所涵盖的发明专利的最小价值。因为，如前所述（参见本书第一章），专利申请的提交通常会导致与发明有关的潜在商业秘密的损失，因此专利申请人必须确信接下来的专利将比放弃的商业秘密更有价值，否则就不会提出专利申请。这种隐含的假设将专利的最小值确定为重置潜在商业秘密的成本。毋庸置疑，专利的价值可能会高得多。

折现收入流或收入法

对知识产权估值的折现收入流或收入法（也称为"资本化收入流法"）是基于财产将产生收入流的假设。显然，如果财产被许可使用，权利人将会以许可费的形式获得收入。相关主体会对该许可情况进行预测（数量和时间），也要测算所预测收入流的当前价值。显然，估算的价值很大程度上取决于所使用的折现率。但是，可以选择该折现率来反映所认知的风险，并以这种方式构建一个有价值的调整机制。

资本化收入流法最适用于这种情形：财产权人既不使用该技术，也不拒绝将该技术授予其竞争者进行使用（见图5.1）。在这种情况下，除了财产可能产生的收入流，它对其权利人并没有价值。但是，如果财产权人在同该技术相关（这个词因其古老的含义而深受律师的喜爱）的市场上进行竞争，评估问题则变得更为复杂。

$$V = \sum_{i=1}^{n} \frac{R_i}{(1 + l_i)^i}$$

V = 主体知识产权的价值。

R = 来自该知识产权的年收入（即许可费）。

l = 反映风险因素而选择适用的折现率。

n = 获得年收入的年数。

图 5.1　未使用知识产权的价值：资本化收入流

市场价值

像许多人（可能包括读者）一样，我们经常浏览各自社区的房屋销售公告。当我们发现与我们的房子相似的房子被出售时，我们可以假设我们房子的价值大约等于类似房子的售价。这是市场估值或可比售价方法的一个例子。

虽然这种评估方法在估价房屋方面效果相当不错，但很难适用于专利评估。由于所有专利发明都是独一无二的（实际上被称为新颖），因此几乎不可能找到与被估价的专利足够相似的其他专利（在房地产中，这被称为缺乏可比售价）。此外，也没有有效的专利市场——即使我们可以找到可比较的产品，也没有关于这些专利近期销售价格的信息。简而言之，它适用于房屋，但不适用于专利。

在现实世界中

华尔街如何评估专利?

有时，破产拍卖和股票市场对专利损失的反应会展示出知识产权的市场价值。2000 年 8 月 9 日，礼来公司市值损失了 31%，这使其市值减少了350 亿美元，原因是后者失去了 2 件百忧解专利。这一事件清楚地表明，在投资者眼中 2 件因重复申请而失效的专利的价值达 350 亿美元。

增量价值

知识产权的增量价值是知识产权给其所有人带来的增值。它是一个拥有知识产权的企业的价值与一个没有知识产权的同一企业的价值之间的差额。

　　假设一个制造公司拥有专有方法，它利用该方法生产其销售的产品。进一步假设，公司不许可这种技术。因此，在资本化收入流方法下，该技术没有价值。如果采用一种常识性的方法来测算（这种方法确实显得过时了，但有时没有其他方法可行），就可以测算使用该技术所节省的成本，并将其视为收入流。从我们的定期现金流目的来看，折现到当前价值之后，未来的成本节约就代表了该专利的增量价值。

　　如果技术的使用带来一个具有溢价的优质产品，那么这个价格也可以作为收益流来处理。事实上，你可能会将一个合理的许可费（即如果保护这个方法的知识产权为他人所拥有的话，公司将会愿意为这个方法的独占许可支付的许可费）作为收入流，这仅比常识稍微复杂一些。然而，这种方法仍然只是一个理论上的假设。它不能区分技术的价值和知识产权的价值。

　　如果该公司没有技术的专有（排他）权（例如，如果该技术没有获得专利或没有作为商业机密进行保护），公司仍然有权免费使用它，但它的竞争对手也可以使用它。这种竞争的存在肯定会影响公司所享有的市场份额和销售价格。例如，当一种品牌药物的专利失去保护或届满时，制药公司通常会损失一半的市场份额，而仿制药制造商开始生产无品牌的药品。如果读者预测公司在垄断条件下的年利润，用此利润减去在竞争（非垄断）条件下使用相同技术所产生的公司相应利润，其差额就是该知识产权创造的价值。在知识产权的整个生命周期中，这些利润差额的现值，就是它的真实价值（见图5.2）。

$$PV(PP) = \sum_{i=1}^{n} \frac{\Delta_i}{(1 + l_i)^i}$$

$$\Delta_i = <PR_i> - PR_i$$

$PV\ (PP)$ ＝专利组合的现值。

Δ_i ＝专利带来的年递增利润。

PR_i ＝在假设的自由竞争条件下，在同一年份相同的产品或方法中所产生的利润。

n ＝专利的剩余使用年限。

图5.2　被其所有人使用的专利组合的价值

　　假设现在公司许可了知识产权，这也许是出于各种各样的原因：也许是该公司授予许可以换取被许可人拥有的技术许可（交叉许可安排）；也许是该公司因为其生产出的产品不能满足整个市场的需求因而得出结论认为它应当通过许可一个或多个竞争者来最大化其回报。这种知识产权的分享是否会破坏其价值？答案是不会。它创造了一种可分享式的垄断，或者更准确地说，它是一种特许经营。相同的评估模型仍然可以使用，但遗憾的是，它们却变得更加复杂了。

公式模型

上述增量价值模型的变化被称为公式或超额收益或剩余价值模型。它与其他模型不同的是，它主张将公司的所有知识产权作为整体来估价，而不估算该公司某一或某部分知识产权的单独价值。此外，它只适用于有盈利的业务。由于这些原因，它的适用性是有限的。然而，它确实得到了美国国税局（IRS）的认可。即使只为此原因，它也值得做一个简短的解释。

实质上，该模型首先要确定归属于知识产权部分产生的公司利润，然后以一个适当的比例将这些利润资本化，这反映了与公司业务相关的风险（见表5.1）。归属于知识产权的利润是通过从公司的总利润中减去归属于公司有形资产的利润计算出来的。然后再通过将行业平均收益率应用于公司有形资产的实际金额便可将其计算出来。

表5.1　公式估值法示例

企业有形资产的价值	$ 1000000
行业平均收益率	10%
有形资产收益	$ 100000
企业总收益	$ 700000
减：有形资产收益	100000
可归属知识产权的收益	$ 600000
反映资本成本和商业风险的折现率	15%
知识产权价值	$ 4000000

显然，这种模型有其观念性缺陷。最显著的一点在于，它没有考虑到知识产权的消失（如专利期满或过时，商业秘密因公开或独立性重新发现而导致损失）。相反，它含蓄地假设，知识产权池将以与其流失相同的速度被填充，以维持不变的水平。而且，敏锐的读者会马上发现，促使公司整体收入减少的任何因素，即使和知识产权无关，也会导致知识产权组合的估价降低。

正确的数学专利估值模型

作者现在将着手介绍他们自己的（明显优越的）评估模型。对于那些有数学倾向（或者简单地说是受虐狂）的读者，可以推导出单个专利或相关专利组合的理论上正确评估的方程式，并且列举到附录F中。这些公式描述了完美世界（此世界中专利受到尊重，不受侵犯）和现实世界（此世界中专利经常被侵犯）中的专利价值。该模型还可用于对相关专利组合的各部分进行评估。

专利价值：一个完美世界的模型

用非数学的、更容易理解的术语来说，一种价值首先衍生于相关联专利的整体组合，所谓相关联的专利指的是涉及单一产品、系列产品或销售的不同方面的所有专利。正如前面所提到的，这个价值被定义为在专利所提供的独占权中，专利组合所有人所享有的现金流（这是一个完美世界的模型）与在纯粹竞争条件下产生的相应现金流（就像没有专利一样）之间的差额。在专利有效年限内计算上述数额差异的总数，则得到总价值。因此，必须测算（预测、猜测）出每一个时期（通常但不一定是以年计）的垄断（有专利）和有竞争力（没有专利）两种市场假设情况下的销售量、销售价格和可变成本。有、无专利两种情况下的现金流之间的差额是市场垄断的年度价值。

当然，该模型有其缺点：计算价值并不比估算价值好多少、估算过程本身是冗长而乏味的（尤其适合于由暑期实习生、研究生和类似的聪明但廉价的劳动力来完成）。专利组合的现值是通过将此后各年份现金流差额进行折现而得出的，也就是说，通过计算因专利垄断而产生的连续现金流量增加来计算专利现值。

在计算出相关专利组合的价值之后，我们可以估算出单件专利的价值。首先，将整个投资组合的价值除以其所包含专利的件数，从而计算出每个专利的平均价值。其次，对这个平均值按照专利期限和相对价值进行调整。

专利期限调整因子实际上是一个分数，它的分母是周期数（通常但不一定是以年计）或计算组合估值的期限。分子是指在估值期间，其子专利有效（授权和维持）的周期数。例如，如果专利组合的估值期为 5 年，而且某一单件专利在第三年开始授权和维持（未到期和未被法院认定无效或不可实施），其期限调整因子就是 0.6。

遗憾的是，相对价值调整更主观。对读者而言显而易见的是，专利组合中各单件专利的相对价值受专利权利要求的范围或广度等因素影响（如果读者不太理解，请参见本书第一章）。

专利价值：一个真实世界的模型

上述评估模型假设专利受到普遍尊重，即它们没有受到侵权（实际上，它只是忽略了侵权的可能性）。遗憾的是，在现实世界中侵权行为时常发生。我们要关注的问题是侵权对专利或专利组合的价值有什么影响。

这个问题的答案取决于专利权人成功维护专利权的概率。成功维权的可能性取决于两个因素：（1）专利所有权人采取维权措施的可能性；（2）所有权人维权措施获得成功的可能性。专利权人实施维权措施的可能性相应也由两个要素组成：（1）维权的意愿；（2）维权的能力。

许多公司意识到自己的专利被侵权，但出于各种原因不愿实施其专利。有些公司有反对诉讼或规避风险的企业文化。在一些情况下，企业内部的政治（例如，由哪个部门的预算支付诉讼费用）、管理层的自满情绪、对扰乱现有供应商或客户关系的恐惧或对被指责为垄断行为的恐惧，即使谈不上被动，也会导致不作为。

民族文化也在这方面发挥作用。欧洲人比美国人更少参与专利诉讼；而在日本，专利诉讼非常少（日本是世界上最大的专利申请国之一）。毋庸置疑，如果其他情况相似，不实施维权措施的专利权人所拥有的专利组合，即便被认为有价值，其也比有力维护其专利的权利人所拥有的专利组合的价值低很多。

专利维权能力常常是一个财务问题。由于专利侵权诉讼的大致成本为550万美元（2009 年）并且不断上升，因此在开始这一昂贵的旅程之前，公司需要拥有必要的资本。因此，一个贫穷发明家或创业者所拥有的专利组合，可能比一个现金充裕的公司所拥有的类似专利组合价值低得多。

案件胜诉的概率也由几个因素构成，其中包括：（1）在投资组合中至少有一项专利被认定侵权的概率；（2）至少有一项被侵权的专利被认定有效的概率；（3）至少有一项受到侵权和有效的专利可以被执行的概率。

20 世纪 90 年代对专利诉讼制度进行的最权威的研究表明，在 20 世纪 80 年代和 90 年代，这些数值的统计概率如下：某一特定专利被认定侵权的概率为 66%；某一特定专利有效的概率为 67%；某一特定专利被认定可实施的概率为 88%。我们无法假定这些价值观是独立的，因为在 74% 的案件中，法官在所有问题上都倾向于偏向同一当事人；86% 的案件中，陪审团在所有问题上都倾向于偏向同一当事人。整体而言，当时专利所有权人在法官审判中获胜可能性为 58%（陪审团审判中获胜可能性为 68%）。

这些数字已不再有效，并且在显著降低。普华永道最新的研究报告显示，专利权人在诉讼中胜诉的可能性仅为 29%。

如前所述，专利组合的价值与组成专利的数量不成比例。还有人指出，这只有在理想世界中才是真实的。在现实世界中，由于必须处理侵权和维权问题，专利组合的价值随着其规模的增加而增加：专利越多越好。

总　结

为了确定专利或专利组合的价值，可以采用各种模型。最基本且最不准确的评估模型是重置成本。资本化收入流模型最适合专门用作许可工具的专利的估值。

由于缺乏有效率的市场和知识产权比较上的困难，市场价值法极少用于知识产权估值，除非它被出售。增量价值模型利用有专利企业的价值与没有专利的同一企业的价值之间的差额来对专利进行估值。公式模型，也被称为超额收益或剩余价值模型，将公司的所有无形资产作为一个整体来测算。尽管它的适用性有限，但美国国税局出于税收目的仍然接受它。

第六章
靠分享（许可）赚更多的钱

阅读本章后，您将能够：

- ❖ 了解为什么出售专利往往是一件复杂困难的事情，其使许可成为有吸引力的替代选择
- ❖ 签订许可合同后正确管理许可事务
- ❖ 确保你得到了被许可人同意支付的费用
- ❖ 认识合资企业与战略联盟的区别
- ❖ 了解一次付清和按产量支付许可费的区别
- ❖ 了解如何提高专利或专利许可的价值

介　绍

以下问题经常被提到（还远远不够）：我们（我自己或朋友在一个鸡尾酒会上）如何从我们的知识产权中赚钱？简而言之，所有财产通过如下三种方法赚钱：出售、出租或使用。如何选择取决于哪种方法或方法组合可以产生最大回报。

出售还是不出售——这是一个问题

从概念上讲，公司从其未使用的知识产权中赚钱的最简单方式是出售它。公司或专利持有人带着知识产权以及维护和保护此权利的责任去进行交易，交易结束时此持有人或公司带着金钱或等价的东西（有什么东西真正等同于金钱吗？）离开，再也没有管理和保护知识产权的责任了。还有什么更好的呢？但是，比较复杂的是定价问题。我们只有一次机会作出正确判断。

销售价格通常设定为买方预期收益的 1/4 到 1/2。显然，如果买方和卖方在收益数额看法上有很大不同，则会出现问题。事实几乎总是这样：即将实现的收益与此产品或产品线的未来销售额成正比。这些销售可能受到许多因素影响，其中很多因素都很难或无法预测。

获得许可

避免或减少未来收益估算分歧的一种方法是许可而不是出售知识产权。如果许可证规定了基于许可产品的实际销售的许可费，则无须预测未来的销售额和价格。事情就是这样，专利所有人得到一个商定的百分比，通常每季度支付一次。当然，这仍然会涉及如何设置许可费率的问题。理论上，用于确定专利许可费率的影响因素与确定销售价格的影响因素是一样的。实践中，许可费率会影响被许可人因许可而享有的利润份额。因此，理想情况下，特许权费率定为预期收益的 1/4 到 1/2。实践中费率往往定在此范围的低端。

提示和技巧

如果你不知道该定多少的许可费率，那么请按 5% 收取，你不会错的。

然而，现实生活并不像理论那么简单。买卖方的其中一方或双方会通过参考其他现有许可证的许可费率来改善自己地位。这里隐含的假设是这些其他许可证的费率在某种程度上与当前许可的适当费率有关。例如，许可人通常会指出在同一个专利下他们以前的许可费率。事实上，这有一些相关性。当事人也可能会争论"典型"或"行业标准"费率（被引用术语往往是"不可改变"的委婉语）。事实上，它基本上是无关的。被许可人可能偶尔会提出他们已采用的其他许可费率或他们已授予的许可费率。事实上，这即使不是完全无用也几乎不相关。

事情并未结束

许多专利权人认为，当许可合同完成时，战斗就结束了。这种观点是错误的！在同意许可后，必须对其进行监管。首要的是，被许可人是否依许可协议及时支付了全部许可费。请注意，上述问题是一个复合问题（律师的说法是不公平或棘手问题），让我们分析一下：

- 及时：是否在指定时间内及时收到付款？
- 全部：是否与许可相关的所有销售都在报告中？

- 支付：是否实际收到了全部所要求的付款？

很多许可人没有在财务上记载预定付款，仅仅记录（并忘记）他们已经实施的许可作为备查。我建议不要这样做。一些被许可方忘记按季度支付许可费。当付款逾期时，应由许可方提供书面提醒。当然，这要求许可方知道何时付款已逾期。

并非所有被许可人都报告所有被许可的销售（这令人吃惊！）。一定要跟踪所有被许可方的支付情况。与过去的支付或其他被许可人的支付相比，目前的支付是否异常？如果被许可人称其业务不佳，请查看被许可人的网站。被许可人是否向全世界吹嘘其业务如何扩展？将被许可方报告的销售情况和他们已知客户的购买情况进行核对，有什么矛盾之处吗？如果被许可人是一家上市公司，请仔细阅读他们的 10 – Q 文件。他们在告诉股东什么？

许可合同应包括允许许可方审计被许可方账簿的条款，以核实被许可方提供的销售许可产品报告的准确性。此类审计条款应注明，如果发现重大差异（通常为合理金额的 5% 或以上），被许可方应承担审计费用。审计费用可能相当高，因此不能轻率地进行审计。然而，通常情况下，仅仅是审计的威胁就会产生预期结果——被许可方发现了一个不幸的错误并进行检查（有时道歉，有时没有）。

监控被许可方的产品说明书（通常，这可以在被许可方的网站上找到）。是否有任何新产品或旧产品的新型号符合许可合同条款但未予报告（且未支付许可费）？在这方面，在许可合同中规定仲裁条款可能是有利的，因为任何关于新产品是否受许可合同约束的争议都可以（合理地）迅速而廉价地得以解决。

最后，要求被许可方定期核实其是否遵守专利标记和许可合同的类似规定。（如果这看起来不太熟悉，参见本书第一章）。

不入虎穴，焉得虎子

可能出现的情况是，知识产权所有人希望利用这一财产，但缺乏这样做的基本条件。例如，产权所有人可能没有足够的制造能力或可能缺乏有效的分销系统。产权所有人可能认为，为了使新产品（或服务）开始生产，必须借助一定知名度的商标或服务标志进行营销。如果另一家公司能够提供他所缺少的东西，合资企业可能是该财产商业化的有效工具。

基本上，合资企业是一个实体，如合伙企业或公司，为特定目的而创建，由两个或两个以上的缔约方拥有。每个合资企业（所有者）的出资或投资通常是实物，而不是现金。在这种情况下，知识产权所有人将通过转让或许可来提供出资，而其他投资方可能会提供适当的生产或分销服务和商标或服务标记（也是通过转让或许可）。合作方均希望整体大于部分之和。

由于合资企业是独立实体，它允许其所有者在最小限度干扰下继续存在。合资企业往往在达到目的时解散。因此，特别重要的是，各方在合资公司成立时就应达成合资企业终止计划。此计划包括合资企业本身所创造的任何知识产权的权属问题。

战略联盟与合资企业最主要的不同是战略联盟不是一个独立实体。相反，它只是各成员（盟友）之间以某种特定方式进行合作的协议。一般而言，盟友就销售货物或提供服务彼此提供优惠或排他性的条件。此协议中的商品或服务通常是提供者享有某种竞争优势的商品或服务。联盟的组成使得每个成员在最有利条件下获得所需的商品或服务，使其能够最有效地发挥自身实力或比较优势。因为它不是一个实体，战略联盟不能开发或拥有知识产权。由于这个原因，战略联盟的解散或终止几乎不存在合资企业终止所固有的问题。

知识产权许可中的一揽子交易：风险和价格

一般来说，商人倾向于尽量减少或避免风险，他们倾向于那些不确定性最小的投资或项目。显然，丰厚回报的前景可能会诱使人们接受风险；但是，在潜在回报率相似的前提下，那些呈现最小风险的投资将是最受欢迎的，因此将会获得最高的价格。这一原则是特许经营行业的核心。

特许经营购买者刚开始的花费比从头开始类似业务时所花费的成本要高得多。特许经营购买者用这笔费用买到了什么？更大的确定性——就像商业中的任何事物一样。特许经营购买者收到它将经营的产品或服务的详细规格、公式和流程指示，还包括供应商名单以及员工培训。所有必要设备和工具也都包含其中。通常，特许人会提供诸如选址、申请许可证和批准以及建立会计和其他控制系统等方面的协助。此外，最重要的是，特许经营权包含特许人的商标许可。

同样的原则也适用于知识产权许可。例如，毫无疑问，转让或许可一项专利是可能的，无须提供更多的东西。然而，此类交易通常具有专利实施行为的性质。在这种情况下，当侵权人获得侵权专利或相应的许可（所谓的大棒许可）时，专利侵权事宜就可以（或多或少地）得以友好解决。这种许可产生很小的技术风险——侵权产品已经在市场上销售。事实上，取得许可，先前的侵权人实际上是通过消除被诉专利侵权的可能来降低风险。

然而，当一方尚未使用已经获得专利权的技术时，情况会有所不同。在这种情况下，当事人不会被强制要求获得专利或许可。采用新的未经试验和证明的技术存在重大风险。该技术可能被证明是有缺陷的。它可能需要进一步（昂贵的）开发，才能进入市场。即使没有技术问题，或者如果这些问题得到成功解决，但是由于各种原因，这个技术在市场上仍然可能失败。与新技术相关的潜在风险越大，人们越不愿意投入大量资源来获取它并将其商业化，因此此技术能以较低价格获得。一旦价格和风险之间的这种关系被认可，解决方案就会变得很明显：降低与技术相关的风险。这将增加此技术的价格。

　　从本质上讲，降低风险就是为那些可能构成风险的问题提供解决方案。正如特许经营商愿意为拎包入住型的商业项目支付溢价一样，潜在受让人或被许可人也会为已经适应市场或接受过市场验证的技术支付溢价。换句话说，专利所涵盖的经过试验和证明的新产品或服务的价格将远高于专利价格。因此，只要有可能，销售产品而不是专利。将适用的商标、设计规格、蓝图、试验结果、工艺技术诀窍、质量保证程序、合格供应商名单、市场调查数据以及任何有助于商业化专利技术的东西同专利捆绑在一起。这些信息对于潜在买家有两方面的价值：它减少了实现商业化所需的额外投资，以及降低了失败风险。销售市场上已经取得成功的产品或服务相对比较容易。发明越接近市场，所需要解决的问题越少，它将带来的好处也越多。此外，包括商标和专有技术的一揽子许可，可能会在其所包含的专利过期后仍产生特许权使用费。

　　由于（某些）专利具有价值，它们可以在适当情况下用作贷款抵押品。尽管大多数银行仍然拒绝为专利提供抵押贷款，但现在有一些专业化（和更开明的）金融机构愿意这样做。

在现实世界中

对发明人不利的概率

　　在20项专利中只有约1项专利获得许可，100项专利只有约1项会产生许可费。

"胡萝卜加大棒"

　　在许可行业中通常使用（实际上是过度使用）的两个术语是"胡萝卜许可"和"大棒许可"。仅仅为这个原因，笔者觉得有必要解释它们。

　　简单来说，"胡萝卜许可"是一种自愿许可，而"大棒许可"是在胁迫下形成的。一般而言，为解决诉讼或在他方威胁情况下，侵权人或被控侵权人获得"大棒许可"。因此，"大棒许可"应被视为专利实施的工具。（"大棒许可"通常是你不能拒绝的提议，"胡萝卜许可"是你可以拒绝的提议。）

尽管术语"胡萝卜许可"的含义很明确，但其背后的概念是空洞的。事实上，没有人会来敲专利权人的门，手里拿着帽子和支票簿，礼貌地询问许可的可用性和成本。作为一个实际问题，说服一名非侵权者签订专利许可合同是一项艰巨的工作，其组成包括两部分：（1）说服当事人让其想使用专利技术；（2）说服他们必须为此付费。第一部分主要包括找到一个实际上可以从使用该技术中获益的一方，然后克服该方不情愿采用外部技术的心理（臭名昭著的"非我发明"综合征）。在成功完成第一项任务后，未来许可人必须说服该方，未经许可的使用将受到强烈反对（即通过诉讼）。因此，即使是"胡萝卜许可"也有"大棒许可"的元素。

总　结

从专利中牟利有三种方式：使用、出租（许可）或销售（转让）。专利的销售价格通常是买方预期收益的1/4到1/2。许可使用费是对使用专利技术所带来的收益的分享。许可费可以一次性支付，也可以根据被许可产品的销售额进行支付。一旦签订许可合同，权利人应该对之加以管理，以确保所有付款都是及时足额的。

如果专利和相应的商业秘密及有利于专利技术商业化的其他信息一起打包转让或许可，则专利或专利许可的价格往往会上升。

第七章
公司主管及董事请注意：你可能对知识产权管理不善负有责任

阅读本章后，您将能够：

❖ 了解公司主管和董事在知识产权管理方面的责任以及在多大程度上这些责任可能被委托给他人

❖ 理解公司主管和董事未能履行其在知识产权管理方面的注意义务或对侵权行为负有责任时可能承担的法律责任

❖ 制订计划以使主管和董事履行其知识产权管理职责

知识产权价值和作用的重大变化为商事公司带来新的机遇。然而，它也使企业主管和董事面临新的风险和潜在责任。在过去，公司高管和董事可以而且几乎普遍地忽略知识产权，把知识产权留给从事登记工作的文书工作人员，然后就忘掉它了。即使是将花在有形资产上的精力的一小部分转移到知识产权组合上，这种公司也很少见。然而，随着知识产权组合的重要性日益增加，人们对其管理的关注程度逐渐增加。事实上，公司必须以与投入在公司有形资产相同程度的谨慎和注意程度来管理知识产权。如果公司未能达到这个新标准，则公司的主管和董事可能面临严重的法律后果。

知识产权管理不善所造成的损害的性质

作为受托人，公司的每一位主管和董事都有明确的责任与义务。宽泛地说，主管和董事有责任认真管理公司的事务和资产，并考虑其作为（或不作为）所带来的后果。

公司所在州的商事法律规定了注意义务和由此产生的法律责任。除了州法所规定的与注意义务相关的法律责任外，上市公司的主管和董事也可能依联邦证券法承担法律责任。

知识产权管理不善或未加管理造成的伤害通常分为两大类：浪费和错误估值。

当资产没有被利用，或者没有被充分利用，或者以低于其真实价值的价格出售时，就会产生浪费。为避免知识产权浪费，除其他一些措施外，还需要确定所有可能的使用和每种使用预计可达到的程度，需要确定竞争技术的存在和价值，在涉及专利的情况下还需评估专利的强度和其权利要求范围。

保护未被使用的技术的专利，是未利用资产的一个主要例子。如果没有许可他人使用这些知识产权并产生收入流，可能是对公司资产的浪费，这会使主管及董事承担责任。

新技术是一项资产，如果未能对企业研发（R&D）的成果进行积极的专利申请，如同未能保护有价值的工厂和设备一样，可能被视为管理不善。大多数美国公司都面临着一个两难境地，即除了在美国的权利之外，是否要获得外国专利或商标权，以及在哪些国家寻求知识产权保护。

未能实施知识产权是企业资产管理不善的另一个例子。许多与技术相关的企业都急匆匆地申请尽可能多的专利，这可能是一种明智策略，也可能不是。但专利提供排他性权利。如果不能通过专利侵权诉讼来实施这些权利，就会产生双重浪费：丧失使用专利技术的宝贵垄断地位，以及用于获取和维护该未实施的专利的资金浪费。此外，保护被侵权专利的任何延误都可能导致衡平法上的懈怠和禁止反悔（见本书第八章），这会导致日后提起诉讼时损害赔偿金减少或使专利无法受到保护。因此，及时有力地实施公司知识产权，是公司主管和董事们的一种积极义务。

尽管这造成了不同的伤害，但错误估值与浪费是密切相关的。如果浪费可以被描述为一个已实现的损失，错误估值就是账面损失。两者都源于同样的错误和遗漏。在合并、收购、资产剥离或股权融资中，被错误估值的知识产权会对交易的总估值产生不利影响。

在现实世界中

震　惊

据估计，平均一家公司的市值中有近 40% 没有出现在其资产负债表上。

未能将上市公司的知识产权价值传达给金融界可能导致股票价值被低估，从而导致股东价值损失。例如，竞争对手新授权的专利，因其可能被公司产品

侵权，公司需要向股东披露，而不管竞争对手是否已经发出实际侵权通知。对可能发生的专利侵权诉讼的合理担忧应予以披露，重要专利的到期日也应披露，这都可能会对公司市场份额产生不利影响。此类披露可能需要在新闻稿、年度和季度财务报表以及向证券交易委员会（SEC）提交的注册财务报表的"管理层讨论与分析"中进行。如果未能在初始招股说明书以及季度和年度报告中及时准确地向股东报告与公司知识产权相关的信息，则可能会导致他们作出不明智的决策并随后带来损失，从而促使他们在对主管和董事的集体诉讼中寻求救济。

知识产权组合管理责任标准

不利用（或不充分利用）公司知识产权资产所产生的浪费，不属于可能担负刑事责任的不当行为或犯罪。它可能仅仅只是疏忽，是一种因忽视引发的常见错误。如果任何具有正常商业判断能力的人都不认为此交易能获益，则疏职浪费得以证明。在这方面，必须记住，知识产权几乎总是一种"正被浪费着的资产"——专利到期，技术就过时了。因此，浪费可源于下列原因：

- 知识产权许可或转让的报酬不足
- 未能利用知识产权
- 知识产权使用范围过窄
- 过度的利用延迟

虽然没有涉及公司知识产权资产管理不当的相关判例法，但没有理由认为，法院对主管和董事适用的有关知识产权资产管理的责任标准，将不同于在管理公司其他资产方面的已经建立的标准和注意义务标准。然而，随着最近的市场下行（或崩溃），一些上市科技公司中心怀不满的股东们，在看到他们的股价暴跌或公司解散破产后，会试图通过衍生性集体诉讼起诉对公司知识产权资产管理不善的高管和董事，以弥补他们的损失，它似乎只是一个时间问题。上市公司的主管和董事最好采取谨慎措施，以保护自己免于在未来承担责任。

在确定公司的主管和董事是否对公司履行了知识产权管理的注意义务时，我们考虑的因素之一是公司业务的性质。人们通常认为，当公司从事影响普通大众的经营业务时，尤其是当此种经营业务已经建立了监管制度时，董事的责任可能会更大。这类业务主要是包括投资银行业务在内的银行业务。银行主管和董事注意义务标准通常要高于其他公司的主管和董事。虽然知识产权组合评估一直是公司资产管理的审慎步骤，但在首次公开发行（IPO）、并购（M&A）、剥离或公司重组中获得关于公司知识产权组合价值的相关意见，则可能被认为是完全必要的。（虽然法官对上市公司所适用的法律标准可能和私人非银行性经营业务相同，但证券交易委员会本身是强有力的潜在原告，仅仅是它的出现就能产生显著而不利的效果。）如同所预料的那样，相似情形下，在确定何为谨慎时，法院会考虑相似企业的做法和程序。如果没有遵守相似企业主管和董事视为必需的做法和程序，则几乎不可避免地被认为过失成立。

其他高科技公司的董事和主管是否应该达到每年产生 10 亿美元许可收入的 IBM 标准呢？可能不会。然而，他们当然会被建议采用 IBM、得州仪器、陶氏化学和其他一些标准制定公司所采用的一些知识产权管理战略。

通常情况下（当所有其他途径都无效时），主管和董事会根据商业判断规则为他们的行为（或更经常地为他们的不作为）辩护。然而，法院已开始更明确地援引门槛要求，即受到质疑的决定必须是基于所有合理可获得的信息，通过明智的商业判断作出的。合理的调查被认为是满足此要求的前提。

例如，在专利侵权诉讼中对和解要约的接受或拒绝，如果其是在获知各种信息的基础上作出，则可根据商业判断规则被认为是正当的决定。然而，如果管理层和董事会未能分析诉讼风险并考虑其他相关因素，在诉讼导致不利判决和重大损失的情况下，他们可能会面临潜在的严重责任。

最后应当指出，接受董事职务意味着对所承担的职责有足够的了解。基于无知或无经验而产生的轻率行为不可能被原谅。没有报酬或仅仅作为一种权宜之计的服务并不能否定董事的责任。

虽然让主管和董事承担疏职浪费责任的举证很困难，但它仍然是一个事实问题。因此，当被质疑的交易缺乏充分理由时，一名被控疏职浪费的人很可能被迫面临审判和结果不确定的后果。

责任委托

虽然可以将知识产权投资组合的管理职责委托他人，但依公司主管和董事职责规定，这种委托必须符合某些要求。董事委托给非董事的职责基本上仅限于在公司普通日常业务。不管何种委托，董事仍应了解公司的政策和事务，并对公司资源的使用情况有大致了解。他可能因为他本应掌握却没有掌握并利用的知识而被指控。因此可以假定如果他勤奋地工作，本应能够懂得其通过合理注意和努力而学习到与公司事务相关的每一件事情。当存在知晓事实这一义务时，因为其对义务的忽视而导致的不知晓，可能如实际已知却没有依其所知实施某种行为一样产生相同的法律责任。

当董事会任命组成委员会的某成员承担一项任务时，非成员董事仍应遵守谨慎的标准，合理地相信他所推荐的被委任者值得信任。这要求他熟悉委员会的调查或其他活动。而且，非成员董事所实施的委员会的指定、委员会授权的权利、委员会依此权利所实施的行为，都不足以单独构成对董事义务的完全遵守。

董事经常采取的一项措施是征求专家的意见。事实上，相关先例表明，在某些情况下，未征求外部专家意见本身就构成对其被告知义务的违反。有许多知识产权管理公司为企业提供专家建议。如果董事寻求专家建议且诚实地依此建议行动，他们将免受个人责任，即使这些建议最终被证明是错误的。为了使依赖专家的报告、声明或意见的行为最终得以免责，董事必须阅读过它或在其出席的会议上有人口头提到它，或通过其他方式熟知其内容。

未能履行注意义务的责任

如主管或董事未能履行其注意义务而因此种疏忽造成公司知识产权资产的浪费时，该主管或董事可能对公司因此所遭受的损失承担个人责任。一个或多个股东或董事们可以代表公司提起诉讼，以寻求损害赔偿。根据某些法规，主管和董事可对因其管理不善而遭受的损失向公司债权人负责。如公司正进行重组或清算，公司的受托人或接管人可能会对有过失的主管或董事提起诉讼。控股公司的董事可能因子公司知识产权资产浪费而导致的股份份额价值的减少而对该公司承担责任，尽管他也可能因同一行为对该子公司承担责任。

虚假陈述或遗漏与证券发行人的知识产权有关的重要信息可能违反 1934 年《证券交易法》第 10（b）条，即对以无效数据或技术为基础的知识产权资产的价值的说明。此外，由于传播关于企业知识产权资产价值的虚假信息而导致的股票价格下跌，对个人股东构成了直接的因而是可起诉的损害。多个法院已经反复认定，未能确定参与合并的公司的实际（而不是书面）价值是对董事注意义务的违背。无形知识产权资产是造成企业实际和账面价值差异的主要因素。此外，如果董事没有对公司资产评估方法进行合理审查，他们的决定就不能成为商业判断规则的有利假设。

应对措施

知识产权及其管理不能再被委任给中层管理人员，甚至也不能委任给因专利申请诉讼而负担过重的公司内部专利法律顾问，它必须由公司董事和主管处理。尽管存在显而易见的难度，他们也应制定和建立合理的知识产权管理制度，并对此类管理制度的实施情况进行合理调查并随时了解情况。

知识产权组合审计（见本书第四章）是避免企业资产浪费必要的第一步。为了审慎起见，应聘请一名专业经理人或知识产权管理公司审计和管理公司的知识产权组合。这些公司的日益普遍存在和被接受，表明了此行动方针是明智的。随着这些公司的雇佣越来越广泛，可能会产生如前所述的提高其他公司标准的效果。因此，有一股强大势头正在推动这股潮流。鉴于银行一直持有高标准，这一建议应更适用于投资银行家和承销商。

在选择专业经理人或管理公司时，如果依赖他们的建议被认为是合理的，就应该采用某些标准。显然，所涉主体必须有适当的教育经验，特别是在知识产权管理、知识产权法律和公司所涉技术领域。他还应当在知识产权管理方面有成功的书面历史记录。此外，所选的管理人员还应当被要求提供其活动的定期和完整的报告，包括对所使用方法的合理性的详尽说明。

不这样做，就会被淘汰

不仅公司主管和董事可能因其对公司知识产权管理不善——疏忽或不作为行为——而承担责任，在某些情况下，他们还可能对公司的专利侵权行为承担个人责任。

许多主管和董事相信（声称相信、试图相信、希望相信或在某些情况下假装相信），只有在"刺穿公司面纱"时，才会承担个人责任。"刺穿公司面纱"是一种法律原则，在有必要防止欺诈、不公正或妨碍公共政策等诸多罪恶的情况下，这一法律原则允许法院无视公司存在，对个人主管和董事提起诉讼。作为一项操作方案，该原则适用于如下情形：公司未充分资本化，未能依组织程序办事或被用于欺诈目的。刺穿公司面纱的努力很少成功。因此，认为高管和董事不会受伤害这一信念在大多数情况下是有根据的。但现在这一切已经改变了。

美国联邦巡回上诉法院（CAFC）现已主张（Hoover Group Inc. v. Custom Metalcraft, Inc., 94-1285 [Fed. Cir. 1996]），为了使一个处于控制地位的人对公司侵权行为承担个人责任（专利侵权是一种侵权行为），没有必要刺穿公司面纱。相反，法院将考虑若干因素，这包括行为的不当性质、行为（和行为人）的罪责，以及被要求承担个人责任的人是为自己利益还是为公司利益（在一些小的、所有者管理的企业中，这两者是相同的）。在许多案例中，新标准比旧标准包括更多的情形。因此，公司执照可能不再是处于控制地位的人抵抗攻击的保护伞，这是主管和董事在专利事务中合理谨慎行事的另一个重要理由。

总　结

知识产权的管理必须与公司有形资产的管理一样小心谨慎。知识产权管理不善造成的伤害一般分为两类：浪费和错误估值。

当公司从事与普通大众相关的业务如银行业务时，公司主管和董事被要求承担更高标准的注意义务。

在确定某项行动或决定是否审慎时，法院通常会考虑类似企业的具体做法和程序，没有采用这种类似做法和程序几乎不可避免地被认为是疏忽。

公司董事可能将其在知识产权管理方面的责任委托给他人，但仍须对这类事务有所了解。

当主管或董事不履行注意义务并导致公司知识产权资产浪费时，他可能承担个人责任。公司本身、公司股东以及某些情况下债权人和受托人或接受人均可主张此法律责任。如果没有披露与知识产权有关的重要信息，或者如果这些信息被歪曲，可能会产生刑事责任。

审慎起见，董事应聘请一名合格的专业经理和/或一家知识产权管理公司来审计管理公司的知识产权组合。

法院不再需要通过"刺穿公司面纱"原则，来达到让主管和董事对公司实施的专利侵权行为承担个人责任的目的。法院将审查涉案人员的个人罪责。

第八章
行使你的权利

阅读本章后，您将能够：

❖ 了解侵权的类型（基于字面侵权与等同侵权）

❖ 了解在起草专利申请时，有一个尽可能宽的权利要求范围的重要性

❖ 了解费斯托案对专利权人的影响

❖ 为你的诉讼选择最佳法院

❖ 与专利侵权者以最有效（和最不会弄巧成拙）的方式进行沟通

❖ 预测侵权者的先发制人式打击——宣告性判决诉讼

❖ 理解专利侵权案中可能判给的两种损害赔偿（利润损失和合理的使用费）以及对每一种情况的要求

❖ 了解受保护的销售额在评估合理的使用费中的作用

❖ 了解专利诉讼的一般路径和每个特定案件的一些特点

❖ 了解两种常见的抗辩——懈怠抗辩和禁止反悔抗辩，以及它们之间的差异

❖ 对诉讼风险进行定量分析

❖ 选择一家律师事务所代理你的诉讼事宜

❖ 保护自己免受律师事务所过度收费

❖ 确定首先起诉哪些侵权人，哪些被告最具侵略性

❖ 确定从属权利要求是否也受到特定公司的侵权

❖ 向陪审团展现贵公司的正面形象

❖ 了解复审及其使用问题

❖ 了解和解相对于诉讼的优点

❖ 了解替代性争议解决方式的形式以及它们的优缺点

专利侵权

当某项专利被侵权时，它绝不仅仅是告诉侵权人停止侵权这么简单。（事实上，这样做可能会给侵权者起诉你的理由）在启动专利实施活动之前，从在最基本的层面上了解专利侵权的构成要件，到识别帮助或引诱侵权（即直接侵权人指导其他公司和个人侵犯专利），有很多事情需要考虑。

专利权利要求——少即多

专利的范围由其权利要求决定。如果一项权利要求的每一个特征都可以从被控设备或方法中找到，则说该设备或方法落入权利要求的范围，因此存在侵权。如果被控结构中缺少一个特征，则不存在侵权（该要求称为全覆盖原则）。但是，被控结构中存在额外的特征并不能否定侵权行为。

这不符合犹太人戒律

专利权利要求基本上有两种：物品权利要求和方法或工艺权利要求。（对于某些挑剔的读者，物品权利要求包括更深奥的按工艺和物质组成细分的子类产品）物品权利要求由多个物品特征组成，而方法权利要求由多个步骤或工艺特征组成。这两种特征都没问题，但就像那些信仰犹太教的人禁止混合牛奶和肉类一样，我们也是被要求（尽管由不同的权威机构）不得在同一个专利权利要求中混合产品限制和工艺步骤。

这在伦勃朗数据技术有限公司诉美国在线有限责任公司案（Rembrandt Data Technologies，LP v. AOL LLC et al.）中得到了证明。涉讼专利权利要求涉及一种"数据传输设备"，其包括：（1）第一和第二缓冲装置；（2）分数编码装置；（3）用于网格编码帧的网格编码装置（无论这意味着什么）；（4）传输网格编码帧。

被告提起无效简易判决之诉，主张专利权利要求"有致命缺陷"。原告接受了这一不可否认的事实，承认该权利要求包含错误，并力图援用法院的权力，修改专利中的这一错误。原告认为，错误是显而易见的，并且毫无疑问该领域中的任何一个人都知道，所写的权利要求包含明显的错误，而且权利要求中的技术特征"传输网格编码帧"应该修改为"用于传输网格编码帧的发送器部分"。

正如预期的那样，被告抗辩称，这一拟议的修改将大大改变其中一个特征的意义，将其从一个方法步骤变成一个装置步骤。他们进一步指出，没有证据支持伦勃朗关于印刷错误的断言。（印刷错误——伦勃朗是认真的吗？这种说法可能给专利流氓一个坏名声。）

法院支持被告，并指出伦勃朗未能证明所涉文字不同于提交给专利商标局的内容。

提示和技巧

从伦勃朗那里学到的教训，有产品权利要求，也有方法权利要求，但两者之间永远不会相遇。

通常情况下，发明人在提交专利申请前审查专利申请草案时，会抱怨权利要求中很多东西都被遗漏了。这不是专利工作者的错误或失败。实际上，这是对从业者技能的一种衡量标准（假设权利要求最终是由专利审查员审批的）。从业者的目标是（或至少应该是）确保尽可能宽的权利要求范围。这是通过撰写出包含有尽可能少特征的专利权利要求来实现的。专利权利要求中的每项特征都是权利要求缩小的一个潜在途径。一项专利申请的特征越多，主题发明可以被大量复制或模仿的可能性也就越大，此时只需省去一个权利要求特征。如果发生这种情况，根据全覆盖原则，复制不会侵犯专利权。在审查专利申请草案时，要反对那些看起来过于详细的专利权利要求，而不是那些看起来过于笼统的专利权利要求。

侵权行为要么是字面侵权，要么是等同侵权。当被控设备或方法与权利要求字面上相同时，就会发生字面侵权。但是，如果被控设备不能从字面上满足一项或多项权利要求的特征的话，则所有的特征都不会失去。

为了防止专利欺诈（即通过微小的改变或修改来规避），法院很久以前就确立了等同原则。根据这一原则（读者应该看到它受到一些限制），如果权利要求的特征在字面上不相同，但是被告设备的相应结构或者被告方法中的相应步骤"以实质上相同的方式形成实质上相同的功能以实现相同的效果"，该权利要求可能仍然受到侵权。请注意，该原则是以特征为基础适用的，而不是基于整个权利要求。

对一项权利要求的解释最主要的限制原则之一是禁止反悔原则。它是由法院确立的一个原则，其目的是防止专利权人通过对先前的权利要求中单词或短语进行宽泛解释来重新获得先前为确保专利得到授权而放弃的一些权利。因此，专利权利要求的范围很大程度上取决于专利的申请历史。

费斯托案例：你可能没有你以为有的东西

查尔斯·狄更斯（Charles Dickens）创作了一个"昔日圣诞幽灵"，它使得埃比尼泽·斯克鲁奇（Ebenezer Scrooge）为其过去的贪婪行为而困扰。法院（包括美国联邦最高法院）创立了费斯托（Festo Corp. v. Shoketsu Kinzoku Kogyo Kabushiki Co., Ltd. et al.）原则，该原则让专利权人为其过去在专利申请程序中对权利要求所作的修改而困扰。

专利权利要求书撰写的目的是告知读者专利权人要求独占权的确切限度，即所谓的"通知要求"。如果是字面侵权，则通知要求相当容易满足。然而，当侵权行为建立在等同原则基础上时，权利要求的明确性就变得不那么确定。与权利要求特征相等同的范围传统上是由禁止反悔原则决定（更准确地说，限制）的。因此，传统上对专利权利要求范围的分析需要对文件进行审查，并对在申请期间对专利权利要求进行的每项修改所产生的不利条件（如果有的话）进行详细分析。这是一项复杂的任务，即使对于有经验的专业人士亦是如此。

进入美国联邦巡回上诉法院，对于权利要求的结构来说，降低复杂性和恢复明确性就更加急切。法院抓住了费斯托案件的机会，推翻了冗长而实质性的判例，基于政策上的理由作出裁决，认为确定和分析禁止反悔原则对权利要求的明确性要求来说是不必要的。它所选择的解决办法是简单地消除在申请期间所修改的任何权利要求特征的等同特征。无须分析禁止反悔原则的范围——如果修改了特征，从此以后，它就没有等同特征。现在该特征将被解释为只涵盖专利说明书中公开的内容，而不再包括其他内容。既简单但又致命。法院一笔（或一键）缩小了数以万计现存专利的范围，这些专利都是依据一套法律而申请的，或追溯性地予以撤销。目前存在的约 120 万项专利包括在申请期间进行修改的权利要求，都受到了该裁决的影响。

狄更斯通过改革让埃比尼泽摆脱了困扰（事实上，老埃比反应过度，变成了一个挥霍无度者），法院却没有向专利权人提供这样的解脱途径。为了应对该裁决的影响，已经制定了各种诉讼策略。虽然这些策略的效果还有待确定，但普遍的结果（令人惊讶的是）是大幅增加了专利申请的成本。

犯罪团伙：帮助侵权与引诱侵权

未经授权擅自使用他人专利发明的，视为直接侵权人。然而，在某些情况下，如果在经济上不切实际的话，起诉专利的直接侵权人是很困难的。例如，假设你拥有一种新型改良水性涂料的专利。进一步假设一个可恶的和无原则的油漆制造商将这种新油漆的所有成分混合在一起，只是没加水，然后将干混料出售给消费者，消费者把它带回家并与水混合，从而完成专利油漆的生产。显然，这些消费者中的每一个都是专利的直接侵权者。然而，虽然这些侵权者有很多，但每个人只产生了一小部分的油漆。虽然不是没有可能，但找到他们仍然非常困难；假如找到了他们，其中任何一家可以赔偿的金额也远低于无争议诉讼的成本。这是否意味着你没有有效的补救措施？答案是没有，因为油漆制造商是帮助侵权人，根据法律（《美国法典》第 35 篇第 271 条 c 项），它对因销售干混合物而导致的所有直接侵权行为负责。

帮助侵权人是指向美国出售、许诺出售或进口专利发明的重要组成部分的组分，并且知道该组分是专门制造或用于侵权专利的，其中该组分不具有实质非侵权用途。请注意，卖方实际上并不需要知道被侵权专利的存在，只要他知道其组分将被用于什么用途就可以了。

现在假定干油漆混合物可以与代替水的亚麻子油混合生产油基涂料。这将是一个重大的非侵权用途。在这种情况下，油漆制造商不会成为一个帮助侵权人。

最后，假设出售干混料的油漆店的所有者向买家提供了与水混合的混合物。油漆店老板正在实施引诱侵权行为，并且根据法律（《美国法典》第 35 篇第 271 条第 b 款），他应对其不明智的建议导致的所有直接侵权负责。

由此学到的经验是：每当发生侵犯专利的行为时，寻找引诱侵权或帮助侵权专利的当事人并起诉他。

专利诉讼的风险

每次抓铜环都有可能从旋转木马上摔下来。专利诉讼也是如此。

为了获得胜利，专利权人必须证明专利受到侵权，并且还必须成功捍卫该专利免遭任何无效和/或无法实施的抗辩（几乎肯定会被提出）。为了取得成功，专利权人还必须按照明显超过诉讼费用的金额追索损害赔偿金。

无　效

专利享有有效性推定，除非被法院认定为无效。由于以下几种原因，专利可能被认定为无效。被指控的侵权人不可避免地会检索现有技术，努力寻找专利授权时未被专利商标局考虑的相关参考文献。这种检索的范围仅受被告侵权人决心的限制，而面对数千万美元损害赔偿的潜在责任，其决心可想而知。新发现的现有技术可能证明所声称的发明缺乏新颖性或者在本发明申请时对于本领域技术人员而言是显而易见的。

虽然是较为困难的辩护，但被告人还可能试图证明发明人隐瞒了实施发明的最佳实施例或专利无法实施（见本书第一章）。侵权人可以证明专利申请是在专利产品投放市场一年多以后才提出的。此外，如果侵权人可以向法庭证明专利权人向专利局隐瞒了相关现有技术（即参与不公平行为），则该专利可能被宣布无法实施（即毫无用处）。

不侵权

被告产品并不侵犯诉讼专利也可能得到认定。在这方面，两起最近发生的案件使正义的天平向有利于被告的方向倾斜。

最高法院在著名的（或取决于个人的观点，臭名昭著的）马克曼案（Markman vs. Westview Instruments, Inc., 52 F. 3d 967 [Fed. Cir. 1995] aff'd 116 S. Ct. 1384 [1996]）裁决中认为，专利权利要求应由法院（法官）将其解释为法律问题（稍后详述）。为了履行这一职能，审判法官举行了所谓的马克曼听证会。当双方提交了有争议的专利申请条款的建议书后，法官审理了这些主张，审查了专利及申请文件（看看申请文件有多重要），并作出了裁决。除极少数情况外，不承认专家证词或其他外来证据。一旦法院解释了专利权利要求，双方就会清楚地知道这些权利要求是否真的受到侵权。审判官采纳的对权利要求的解释往往比陪审团在类似情况下采纳的要窄。

如前所述，费斯托案件已经有效地消除了在专利申请期间修改的任何权利要求特征的等同特征。因此，许多专利的有效范围已经严重缩小。

避免惨淡的胜利

由于一些显而易见的原因，专利侵权诉讼代价非常高昂。诉讼费用，除非在极少数情况下，不会判给胜诉方。因此，一般说来，专利权人不应进行诉讼，除非包括损害赔偿在内的预期或可能的回款和对进一步侵权的永久禁令的价值，大大超出了预期诉讼成本（稍后将对此进行更多讨论）。如果发现侵权人对其抗辩缺乏诚信或以其他方式提出了无实质内容的或无意义的抗辩，则律师费可以判给胜诉的专利权人，即所谓的例外情况。但是，同样地，如果因专利权人已知的理由而被认定无效或无法实施，则该案件也可能被认定为例外。在这种情况下，诉讼费用可能会被判给被告。一般来说，这发生在专利权人有以下情况时：

- 对专利审查员隐藏了已知的现有技术参考文献（不公平的行为）
- 隐藏了实施专利发明的最佳模式
- 未能公开在先的销售、许诺销售、公开使用或在书面出版物上的描述（法定障碍）
- 在搭售安排中滥用专利权
- 寻求在其有效期之外实施该专利

事实上，为了强制实施一项被认为无效的专利，或者滥用专利权，可能本身就是一种我们专利专业人士所熟知的一种反托拉斯法的所谓的"沃克工艺"式违反行为，从而使专利权人面临侵权人的反诉，并导致可能的多重损害赔偿。

管辖权和诉讼地

在军事科学中，一个人在自己选择的战场上进行战斗会获得许多优势。在诉讼中，一个人到自己选择的法庭上提起诉讼，会获得很多好处。然而，原告并没有完全的自由来决定起诉的地点。选择的范围受管辖权和管辖地的双重要求限制。

管辖权有两种。对物管辖权是法院审理某一特定类型案件的权力。对人管辖权是法院对特定被告行使控制权的权力。同样地，管辖地是指在所有具有管辖权的法院中，一处或多处的法院可以正当（优雅的说法是"根据针对此类事项的相关规定"）审理案件的权力。联邦法院对专利和版权侵权事宜拥有专属管辖权，这意味着任何此类案件只能提交联邦法院审理。

对人管辖权归属于一个当事人的居住地法院或者其行为地法院（在某种情况下）。因此，法院对居住于其管辖范围内的任何一方都有对人管辖权。此外，如果非居民一方在该地区内实施有影响的行为，则该方可能因此而受到该地区法院的对人管辖，这就是所谓的长臂管辖。

正如你现在应该猜想的那样，管辖地是一个成文法问题。长期以来，联邦民事诉讼规则（FRCP）（美国法典第28篇）中规定的准据法一直都是：与专利侵权有关的诉讼只能在被告住所地的司法辖区提起。因此，侵权人只能在其拥有营业场所的司法管辖区被起诉。显然，这样的要求可能构成对原告选择法院的严重限制。

然而，1990 年，随着法律的某些变化，被告公司也"在诉讼开始时在其所受对人管辖权的任何司法辖区内"因专利侵权而被起诉（美国法典第 28 篇第 1391 条 c 项）。这意味着，如果一家公司的行为足以使其受到长臂管辖，那么它就可能在其没有营业场所的司法管辖区被起诉。鉴于许多侵权公司在全国范围内实施了恶意行为，法律的这一变化确实使原告获得了解放。（注：这并不意味着原告可以选择在任何地方起诉这样的侵权人，其他要求仍然必须得到满足，具体请咨询律师。）

在这一点上，读者可能会问，为什么要阅读这种晦涩难懂的东西？在哪里起诉有什么区别？答案是：它有很大的不同。

第一个区别是方便。如果可以选择诉讼地，原告可以选择最方便（方便是"成本最低"的委婉说法）的诉讼地。例如，通过选择主要营业地附近的法院，原告可以减少证人的旅行时间和费用。选择原告律师事务所办公室附近的法院，这样就不需要当地的律师，可以节省一大笔费用。原告的选择可能会增加被告的成本，但这当然纯粹是巧合（正确！）。

原告可以选择其预期会获得公众（陪审团）同情和支持的诉讼地，也可以选择避开被告受欢迎的诉讼地。

虽然联邦法院之间现在存在很大的相似性，甚至是同质性，但仍然存在一些差异。他们可能遵循不同的先例。此外，各地区的案件积压和日程安排也各不相同。在某些地区，可以可靠地预测审判将在启动之后进行 3 年甚至 4 年。在其他地区［即所谓的"火箭诉讼"，（赞扬美国弗吉尼亚州东区联邦法院高速或高效办案，办案神速）］，审判可能在不到 1 年的时间内开始。在选择诉讼地之前，必须识别和权衡所有因素。

有陪审团审判是件好事

长期以来人们一直认为，陪审团无法理解专利侵权诉讼所展现的复杂技术问题。由于这个原因，大多数诉讼当事人都放弃了陪审团审判的权利，选择了法官审判，法官既适用法律又决定法律适用的事实（当陪审团在场时这一职能本来由它来履行）。法庭审判易导致作出有利于原告/专利权人的案件数和有利于被告/被控侵权人的案件数大致相同的判决。（实际是 51% 的判决对原告有利。）

然而，大约 20 年前，一个真正聪明（但不为人知）的原告律师（好人）认识到，这种缺乏理解的情况可能会有利于原告。这是因为，根据法律，已授权的专利被推定是有效的。如果被告声称诉讼中的专利无效（事实几乎总是如此），那么被告有责任通过"明确和令人信服的证据"来证明其无效。这种举证责任比普通的民事（非刑事）责任的要求要高得多，而民事案件仅需要"证据的优势"。因此，陪审团几乎可以肯定会被博学的（律师的说法是"昂贵的"）律师所引证的（律师称为"提出的"）深奥的技术证据所迷惑，不太可能发现辩护方已经满足了这种举证负担要求。相反，陪审团会认定（事实上是默认）涉讼专利"并非无效"（正如犯罪嫌疑人不是被认定无罪，而是"并非有罪"一样）。所以，专利也不是"有效"，而是"并非无效"。

为避免陪审团忽视这个因素，原告的律师在最后陈述期间会提醒他们。此外，陪审团（比法官更有可能）倾向于对所有问题作出有利于同一方的裁决。如果陪审团在专利诉讼的有效性方面作出有利于原告的裁决，那么它也可能会认定该专利受到侵权。最终的结果是，陪审团比法官更有可能作出有利于原告的判决（历史上概率为68%）。需要得出的结论是，在大多数情况下（律师很少以绝对的词语说话，因为任何规则都有例外），原告应该请求陪审团审判。

尽管如此，陪审团仍然存在一些特殊问题，其中大部分来自陪审团由普通人组成这一简单的事实。他们会变得无聊，他们会变得愤怒。不像律师和专家证人（在某种程度上也不像法官），他们的法庭职责没有得到实质性补偿（任何在陪审团工作过的人都可以证明，陪审团的薪酬是微不足道的）。

因此，陪审团审判中的案件陈述使人愉悦是非常重要的。沟通技巧是最重要的（选择律师时要记住这一点）。应最大限度地利用视觉辅助工具，尤其是视频演示和计算机模拟。不要表现出拖延程序的样子，也不要显得屈尊于陪审团。应该抓住每一个机会，以有利的方式呈现一个正义的大卫，与一个贪婪的企业巨人进行殊死的搏斗。

宣告性判决诉讼：先发制人的打击

实质上，宣告性判决诉讼（用律师的行话来说，是一种"DJ诉讼"）是一句古老格言"己所不欲，勿施于人——先做起来！"的法律实践。这是一个先发制人的机会，而不是等待专利权人提起专利侵权诉讼。具有资格的当事人（下文即将进行讨论）可以在适格的联邦法院（适当的诉讼地）提起诉讼，要求法院宣告专利无效，无法实施和/或未受侵权。事实上，这种诉讼是传统（"样板"的委婉说法）专利侵权诉讼的镜像。事实上，对宣告性判决诉讼近乎普遍的（下意识的）反应是由宣告性判决被告（专利权人）提起反诉，指控（真令人惊讶！）专利侵权。

读者（特别是没有密切关注的读者）可能会说，"那又如何？最终结果几乎都是一样。"但答案是：最终结果不一定相同。

首先，通过宣告性判决，可恶的侵权人能够选择战场（如果这看起来不重要，请阅读本章节"管辖权和管辖地"）。其次，可恶的侵权人能够选择诉讼的时机。这可能有几个重要原因。例如，专利权人可能已经计划并确实已准备好起诉另一侵权人（请记住，侵权通常是在整个行业范围内进行）。当专利权人意外地被拖入不同的法院面对不同的侵权人时，这些计划和准备可能会被完全打乱。专利权人也有可能参与某些活动，例如首次公开募股、合并或收购，这使得此时的诉讼成为特别繁重的负担。最后，许多知识渊博的专家（对"实际观察过专利侵权审判的人"的委婉说法）坚持认为原告拥有心理优势。这一理论可能是有道理的。当然，当一个专利权人出庭的唯一原因是（被控）侵权人把他拖到法庭上的时候，他很难令人信服地向法庭展现出一种正义的义愤。

在很长一段时间内，诉讼资格作为宣告性判决诉讼的先决条件，实质上是这样一项要求，即原告（受害者）对即将到来的（正义的、受压迫的）专利权人的诉讼有一个客观合理的理解。（现在对于资格的要求已经大大放宽，参见本书第十一章。）产生这样的理解不要求专利权人提出明确的指控。相反，法院会审视整个情况。简而言之，几乎任何关于专利范围的断言都会赋予这种资格，而无论这种断言是直接针对实际的还是潜在的侵权行为，抑或是通过广告进行间接的侵权行为。事实上，最近的判例法已经显著扩大了将产生资格的行为范围。

少数可能的例外包括提供许可而不附带侵权指控、将专利副本发送给竞争对手（同样，没有侵权指控），以及（作者个人最喜欢的）并没有威胁的轻松玩笑（"微笑着说事"式例外）。

我们要吸取的教训是：在与可能的侵权人沟通时要小心，否则可能会招致麻烦的宣告判决。

损　失

法院会向侵犯专利的原告判予足够的损害赔偿金，足以使原告处于未发生侵权的情况下所具有的地位。正如有两种侵权（字面侵权和等同侵权）一样，也有两种损害赔偿：利润损失和合理的许可费。

事实上，利润损失正是其字面的意思，即当侵权人进行销售时，专利权人损失的利润；而假如没有发生侵权行为，这些销售本来是由专利权人完成的。所讨论的利润是增量利润（即销售价格减去可变成本），而不是净利润，即毛利减去间接费用和其他固定及分摊成本。

　　为了满足"所谓"的要求，专利权人必须确定：（1）它有能力或潜力完成它已经损失的销售额；（2）没有非侵权的替代方案，因此被告的销售只有通过侵权才有可能完成。正是第二个要求现在已经被证明是专利侵权案件原告成功寻求判付利润损失的最大绊脚石。以前，侵权人被要求展示实际拥有这种非侵权的替代方案，这是一种不可能的情形。显然，如果一个人真的拥有侵权产品或方法的替代品，那么侵权就没有意义。

在现实世界中

丢掉利润损失

　　在谷物加工公司诉美国玉米制品有限公司案中，美国联邦上诉法院维持了下级法院的裁决，即如果专利权人在侵权发生时可以使用非侵权替代品，就无法追回损失的利润。

　　然而，最近法院已大大放宽了这一要求（参见资料框"丢掉利润损失"）。如今侵权者只需要确定非侵权替代品是可合理获得的。事实上，替代品并不需要在侵权的当时就已经存在，只要在我们想要的时候便可获得就好。这种改变要求的结果是大大降低了原告以利润损失的形式获得赔偿的可能性。

　　法院判付的损害赔偿在任何情况下都不能低于合理的许可费（美国法典第35篇第284条）。显然，合理的许可费是可以收回的最低损害赔偿金额。通常情况下，它只是适用了损失利润标准的一小部分而已。话虽如此，问题依然存在，即什么是合理的许可费？

　　理论上，合理的许可费是由一个自愿的许可方和一个自愿的被许可方在侵权开始时商定的使用费。乔治亚—太平洋公司诉美国胶合板公司案（Georgia - Pacific Corp. v. United States Plywood Corp. , 318 F. Supp. 1116 ［S. D. N. Y. 1970］）中提出了各方理论上应当考虑的因素。当然，实际上，合理的许可费只能是法院裁定的数额。然而，最重要的因素似乎是专利权人授予的其他许可（如果有的话）的专利权使用费，以及行业中的标准费率（见表8.1）。

表8.1　行业标准费率

汽车	4.7%	4.0%	79.7%
化学制品	4.7%	3.6%	25.9%
计算机	5.2%	4.0%	34.4%
消费品	5.5%	5.0%	30.8%
电子产品	4.3%	4.0%	51.3%

能源和环境	5.0%	5.0%	52.9%
保健品	5.8%	4.8%	22.4%
互联网	11.7%	7.5%	492.6%
机械/工具	5.2%	4.5%	35.8%
制药和生物技术	7.0%	5.1%	17.7%
半导体	4.6%	3.2%	8.5%
软件	10.5%	6.8%	22.6%
电信服务	5.3%	4.7%	35.5%

注：数据来源于 John Jarosz，Carol Mulhern 和 Robert Vigil 在 2001 年 10 月 31 日召开的 Licensing Executives Society 年会上发表的题为 "Industry Royalty Rates and Profitability" 的演说报告。

但是等等，还有更多！

损害赔偿的目的是补偿侵权所造成的不良影响。然而，这些不良影响是什么？可能是专利权人遭受了销售损失，它将寻求收回其利润损失。但是它没有受到更多的伤害吗？可能它确实受到了更多的伤害，只需问问经济学家或会计师（并且准备为其答案付费）即可。

最初，专利权人因其专利而享有垄断权，并可能相应地对专利产品或服务进行定价。当这种垄断被侵权人的卑劣行径所打破时，竞争可能会迫使专利权人降低其专利产品的价格。由于这种价格侵蚀而损失的收入和利润可能可以作为专利权人的损害赔偿。虽然有时难以确定，但价格侵蚀可能占据侵权造成的全部损害的很大一部分。

除了专利产品的销售损失外，专利权人还可能遭受关联产品或服务的销售损失。这种关联产品可能是通常与专利产品一起购买和使用的耗材（例如与专利相机一起购买的胶片，或与专利剃须刀一起购买的剃须刀片）。此外，随着专利产品的销售，专利权人可能会失去备件或更换部件（通常享有高利润率）和服务或维修合同。在适当的情况下，这种关联产品的销售（即我们所熟知的"护航销售"）损失所带来的利润是可以收回的。

把一项获得专利的产品改进并入一个更大的产品中（作为一个极端的例子，可以考虑将改进的化油器并入汽车中），也可能适用相似的规则。如果专利权人能够确定汽车的销售是由改进的化油器驱动的（故意双关一下），整个汽车的价格可以用作计算损害赔偿的基础。这被称为整体市场价值规则

（EMV 规则）。

尽管如此，在专利权人与侵权人竞争的案件中，法院仍然只将合理的许可费作为损害赔偿金（表明可获得非侵权替代品）。但专利权人可能会主张将护航销售额纳入适用合理许可费的对照基础当中，或者可以用这种护航销售额的存在来支持更高许可费率的主张（这里的主张是，鉴于被许可人获得的所有利益，有意愿的当事方会同意提高许可费）。

专利侵权诉讼——概述

从一般意义上讲，所有专利诉讼都遵循着一个可预见的路径。但是，必须牢记每个案例都是独一无二的。这种个性是由许多因素而产生的，包括审判案件的地方法院规则的特殊性、对方当事人的策略性决定以及初审法官的个人偏好。如果说专利侵权诉讼看起来矛盾且不确定，其实际上也的确如此。

专利侵权诉讼与所有民事诉讼一样，始于向被告签发及送达传票和诉状。传票本质上是对被告发出的一个通知，即他正在被起诉，确认法庭和当事人，并指示被告提交一份应诉备忘录，以确定被告的律师。诉状中要列举对被告提出的具体指控［即直接侵权（字面侵权与等同侵权）、间接侵权（帮助侵权与引诱侵权）］，并以请求救济方式结束，列出寻求的各种救济形式。这种救济至少包括未具体说明的金钱损失以及阻止进一步侵权的禁令，并经常涉及多重损害赔偿、律师费、成本、利息等（该清单仅受原告律师的创造力和想象力的限制）。

一旦送达传票和诉状，被告就会出庭并提交答辩状，这是对所有指控的实体性主张的一种轻松否认，并附上一份肯定的辩护清单（"我没有这样做，但即使如果我做了—我否认—这没关系，因为……"）。大多数被告也会寻找任何可能的反诉，如果找到了，将被追加到答辩状中。原告通过提交一个"答复"（这取决于当地规则和原告的法定预算）来回应，它包括对上述肯定性辩护主张的滑稽的否认。如果提出反诉，原告（现在更加适当地称为原告和反诉被告）也会愉快地否认其指控。至此，宣读诉状和答辩状的程序已经结束，而在大多数民事诉讼（即不涉及专利侵权的民事诉讼）中，"发现程序"开始。然而，自从最高法院对马克曼一案作出具有里程碑意义的裁决以来，专利侵权诉讼规则已经发生了变化。

在马克曼案中，最高法院法官出于只有其自己才知道的原因，决定去考虑由谁来解释（定义、界定、猜测）诉讼专利的权利要求的范围。他们对美国近200年来一贯的做法无动于衷，仿佛回到旧英国时代那些激动人心的日子。

那时陪审团由无知的农民组成，当合同有争议时，由更有学识的法官（与农民相比）来解释。打个比方，他们认定现代美国陪审团无法理解复杂的权利要求结构（通常是正确的），他们认为，如果由一位睿智且经验丰富的法学家指导，这项任务就能完成（通常是不正确的）。为此目的，他们决定，从今以后，权利要求结构的问题是法律问题，而不是事实问题，由法院（即审判法官）决定。因此，我们就有了所谓的马克曼听证程序的起源，它至今一直困扰着我们。

最高法院尽管实际上授权了马克曼听证程序，但并没有规定它在诉讼程序中何时发生。大多数情况下，它发生的时间相当早，在仅针对权利要求结构问题的有限的发现程序阶段之后。在某些情况下，马克曼听证程序就相当于审判之前的一场审判，包括专家证人证言和所有印刷参考文献节选的举证。然而，大多数法官都回避外部证据，尤其是那些自称专家的证词，并将听证会限制在律师辩论上。事实上，有些法官仅仅依靠书面陈述，从而在没有听证的情况下作出了马克曼裁决。

然而，无论是通过完整的听证程序还是通过内部辩护，法院最终都会对专利权利要求的范围和意义作出裁决。在这一点上，专利侵权诉讼重新回到常规的法律程序。此时全面的证据开示程序启动，为律师提供所有令人惊叹的收费机会（证据开示费用有时会达到七位数甚至八位数）。在证据开示的最后，贫穷但不屈服的一方出现在法庭上，最终获得自己的出庭时间（通常是一两个星期）。从提交诉状到裁决的总时间：至少9个月，通常为2~3年。然而，案件拖延4年或4年以上的情况并不少见［进一步阅读，请参见查尔斯狄更斯在小说《荒凉之屋》中所描述的阿恩迪斯诉阿恩迪斯案（Jarndyce v. Jarndyce）］。

流行的误解——衣帽间抗辩

指控专利侵权常常引发一两种愤怒的反应：（1）我没有侵犯你的专利，因为我自己发明了被控产品/服务；或者（2）我不承担责任，因为我从XYZ公司购买了相关产品——我们谈过（XYZ公司总是一个离岸实体，远远超出了专利权人所能企及的范围）。这些反应类似于餐厅衣帽间里张贴的小标牌，上面写着"财物丢失或被盗概不负责"——这些标语只有当人们太轻信它们时才会有效。

与版权和商业秘密不同，专利可以防止独立的再创造、再发明（这在一定程度上证明了专利成本上升的合理性）。因此，只要涉案专利是有效的，而且被告没有在专利权人之前做出发明，他们随后的独立发明就不是合法抗辩。

（注意：许多人声称自己是先发明的，而很少有人能证明这一点。那么就去起诉他们吧！）

读者应该记得第一章中的内容，专利禁止未经授权的发明创造、使用、销售或许诺销售。产品的卖家从另一个人那里购买了它并不重要。分销链中的每个人对任何侵权行为都负有同等的责任。作为一个实际问题，（应该是无辜的）卖方可能已经（或确实应该）与其供应商签订了赔偿协议，不过《统一商法典》的确规定，卖方应明确保证非定制产品没有专利侵权。所以，继续起诉他们吧。让他们去追逐那些可怜、卑劣的供应商，得到你应得的损害赔偿。

一种不太常见但仍很流行的反应（也总是带着极大的愤慨）是，我没有侵权，我本人对这种产品拥有专利。即使这是真的，这也对说话人毫无助益。回想一下红色消防车案。专利是一种消极的权利（有些事情会重复），它并不会传达制造专利产品的肯定性权利，继续起诉吧。

在现实世界中
5 个简单的步骤如何就损失了 3.88 亿美元？

无论您还想对微软公司说什么，他们当然都知道如何克服专利侵权案件中陪审团的不利裁决。当然，原告有时还会尽力帮助他们。

在 Uniloc 美国公司和 Uniloc 新加坡私人有限公司诉微软公司一案（Uniloc USA, Inc. and Uniloc Singapore Private Limited v. Microsoft Corporation）中，陪审团认定涉讼专利有效且被侵权。他们认定这种侵权行为是故意的。在审理强化赔偿之前，他们先判付原告 3.88 亿美元的损害赔偿金。微软毫不气馁，提出动议，要求将所有提交给陪审团的问题作为法律问题（JMOL）进行裁决，而且全面胜诉地走出法庭（象征性的）。在一个冗长的（66 页）但令人惊讶的具有可读性的裁决中，法院对原告的各种不同的罪名（其中一些是作为，一些是不作为）进行了分类列举。

经过深思熟虑的分析，外加几张杰克·丹尼尔斯（Jack Daniels）（一个很受欢迎的法律分析助手）的照片，我们可以提出推翻陪审团裁决的五个规则：

（1）混淆和误导陪审团。简化是好的，过度简单化就不好了。微软的总体主旨是由于 Uniloc 无休止的华丽辞藻和含沙射影，使陪审团未能把握住案件的复杂性。法院认为，Uniloc 的做法是将复杂的计算机软件程序归结为一种通用的字谜，忽略了涉嫌侵权的系统的实际工作方式，最重要的是，忽略了216号专利中的实际披露。因此，法院的结论是，陪审团对其所面临的问题缺乏把握，并在没有合法且充分依据的情况下作出了裁决。

（2）在起草专利申请时，限制了请求保护的算法的披露。虽然陪审团认定专利受到侵权，但法院不同意，认为他在 216 号专利中用三个加号和"另外"以及"有待汇总的项目"等短语所进行的骨架式公开（对于本领域技术人员来说）不够广泛到将所有的软件算法都包括在其范围之内，因为还应当把加法作为一个数学成分，而无论其多小。

法院认为，允许陪审团接受 Uniloc 对专利结构进行的过于简单和聪明的解释，将不能容忍地扩大到在说明书和类似文件中所披露的结构的范围。

（3）依靠一个有限的和简单的专家报告。这条规则可能被认为是规则 1 和 2 的推论。法院认定，Uniloc 专家的报告几乎没有披露他的意见或者他所讨论的原则。这就产生了一个依靠专家的不完整、过度简化和不恰当的解释来支持判决的问题。法院基本上驳回了这个专家意见，从而解决了这一问题。

（4）贪得无厌，无视法庭的指示。微软反对 Uniloc 引入一个饼状示意图，来将 EMV 规则应用于微软的涉案产品总销售额（192.7 亿美元），以得出约 5.65 亿美元的许可费。法院"指示律师不要再提 190 亿美元这个数字。然而，在微软专家进行交叉询问和最后陈述期间，这个数字继续在背后冒头"。法院认为，"这不恰当地鼓励了授予远远超过专利发明实际贡献的损害赔偿。如果需要进行新的审判，微软有权在剔除这些无关证据的情况下重新计算损害赔偿额"。

（5）即使在缺乏真实证据的情况下，仍然总是主张故意侵权。法院认为，根据法律规定，Uniloc"故意"的"证据"在法律上无法使陪审员有"明确或坚定的信念"去认定"微软因自己窃取了 Uniloc 的一些想法从而知道自己侵权"，法院因此拒绝授予强化的损害赔偿。

然而更重要的是，法院还认为，Uniloc 大量地复制"证据"不能被认为是"无害的，因为它可能会混淆，分散和影响对其他问题的审议"。这是法院"为了防止误判"而决定允许微软进行新的责任诉讼的一个转折点。因此，Uniloc 案表明，一个构思不当的权利要求至少在专利有效性方面可能被撤销。

时间可以如此重要——懈怠和禁止反悔

虽然不是专利诉讼案件所独有，但两种常见的抗辩是懈怠和禁止反悔

（一些作者提到了懈怠和禁止反悔作为一个单独的抗辩，这既不正确，也不明智）。

懈怠是无故没有及时提起诉讼（外行话叫无动于衷）。一旦发现侵权，专利权人必须合理迅速地提起诉讼。如果专利权人未能及时提起诉讼，而延误导致对（被控）侵权人的重大不利，专利权人可能被禁止追讨过去侵权行为造成的损害赔偿，即发生在提起诉讼之前的损害。尽管如此，专利权人仍可能获得禁令，以禁止进一步的专利侵权。

"对（被控）侵权人的不利"是指在提出抗辩方面的不利条件。例如，被告可能声称重要文件已被丢弃，因为不再需要，或主要证人已经无法获得，或者他们的记忆变得模糊（这种"变得模糊"通常具有令人惊讶的选择性）。延误的时间的长度是从发现侵权或合理发现侵权之时算起的。专利权人不能像纳尔逊（Nelson）上将一样无视一个通情达理的专利权人在相同情况下会请求进行进一步调查（即所谓的调查通知）的侵权证据。最后，延误 6 年可被认为是不合情理的，因而产生了一种"可反驳推定的"懈怠。这具有一个将被告人（他必须证明有别的损害）的举证责任转移给原告人（他现在必须证明其延误具有某种法律认可的理由）的效果。

禁止反悔更适当的叫法是"衡平禁反言"（equitable estoppel），它与懈怠密切相关。鉴于懈怠仅涉及纯粹的不采取行动，但衡平禁反言需要专利权人采取一些积极的行为导致被控侵权人相信其将不受侵害（用外行话说，就是汪汪叫，却不咬人）。被控侵权人必须合理地依靠这一造成其利益受损的行为。（这种情况下的"损害"在很大程度上是"懈怠"情况下的"不利"的同义语。）尽管沉默不会导致衡平禁反言，但在发出侵权通知后拖延不采取行动则很有可能。衡平禁反言不仅禁止恢复过去的侵权行为，而且使该专利对该被告完全不可实施。要吸取的教训：不要虚张声势。除非你准备好了采取法律行动，否则不要指责他人侵权，也不要威胁诉讼。

诉讼风险分析

一般来说，诉讼特别是专利侵权诉讼涉及数量众多的决定：和解决定、审前证据开示决定、审判策略决定和上诉决定。律师和企业高管不断努力做出正确的决定。要解决的问题的复杂性和与各种组成因素相关的不确定性，使得这些决策的过程变得更加困难。但是，通过诉讼风险分析可能有助于决策过程。

诉讼充满了不确定性，这是一种具有多种可能结果的情势所固有的条件和状态。不确定性也来自一些影响最终结果的事件所固有的或然性质，还来自有关某些事实的不完全信息以及其伴随的做出假设的需要。风险是实际结果可能是不利的或不理想的可能性。复杂性产生于不确定性的堆积。从商业决策的角度来看，诉讼管理在很大程度上是一个风险管理问题。

风险往往难以精确测量或评估。通常它被概括为诸如"有机会""可能""很可能"或者"更可能"（只稍好一点）。这些术语含混不清，对不同的人来说有不同的含义。更重要的是，它们不能被组合在一起来描述一个涉及多个不确定性的情况所带来的风险。这样的描述方法显然是不令人满意的。

显然，有必要将复杂的问题合理化，也就是说要确定构成要素的不确定性（至少是最重要的不确定因素）问题和它们之间的关系；评估与这些不确定性相关的风险，并以精确的和数学上完善的方式呈现它们；并结合构成要素的这些风险，以确定整个问题所呈现的风险。诉讼风险分析是分析问题的一种规范方法。诉讼风险分析既是一种分析涉及不确定性的问题的严格分析方法，也是一种处理复杂性的系统方法，可以满足这种需求。如果应用得当，它将会促成最佳决策（正如我们将看到的，这并不总是正确的决定）。此外，它还将为清晰、准确的通信提供基础。

确定不确定性并绘制决策树

在诉讼风险分析中，实际上在任何风险分析中，首先都要识别和系统化构成一个特定问题的所有的（或至少是重要的）不确定性。然后，将这些不确定性按照时间顺序进行概略性排列，从现在开始并进展到未来，以生成一个包含所有不确定性和所有可能结果的流程图。然后将流程图转换或重新格式化为决策树（一些从业者倾向于省略流程图并着手将问题安排和表示为决策树）。每个不确定性的点都会产生树的分支，并为不确定事件的每个可能结果创建一个新分支。每个问题的可能结果都可以在至少一个分支的端部找到。参考以下示例可以更好地解释和理解制作流程图和/或决策树的过程。

例 子

客户公司（以下简称"客户"）是为数不多的生产一种先在窑中熔融然后磨成粉的矿物产品的公司之一。客户的一名高管辞掉工作，并立即发明并随后获得改良窑炉的专利。客户声称拥有该专利，但并未采取任何行动。

利用这项发明，这位高管创立了一家与客户竞争的企业。客户希望升级自己的技术，聘请了顾问来设计改进自己的窑炉。客户选择不向该顾问公开专利，因此该顾问对其存在一无所知。根据该顾问的设计，客户建造了新的窑炉，与专利中描述的和请求保护的明显相似。客户还改进了研磨工艺，客户的各种改变使其产品的质量有了明显的提高，能够主导市场。

这位高管因其市场份额和价格不断受到侵蚀，便提起了一项针对客户的专利侵权诉讼。这位高管声称，所谓的侵权行为是故意的，并寻求利润损失和 3 倍的损害赔偿。

客户对诉讼作出回应，否认侵权并主张该专利无效。客户进一步主张自己拥有该专利，声称该高管是在客户雇用期间做出了这项发明。在侵权诉讼中，委托人请求对该专利进行复审，理由是在原专利申请审查过程中未考虑现有技术。这次复审导致最终驳回了所有的涉案权利要求。目前针对该驳回向专利局上诉委员会提起的上诉正在审理中。

客户已经计算出，如果认定侵犯专利权，合理的专利许可费是 50 万美元，而高管损失的利润将达 1000 万美元。据信，选择适当的损害赔偿措施将取决于客户产品质量改进是否是客户窑炉设计变更的结果（即被控窑的产量是否具有唯一性）。

最后，预计内部工作人员将处理有关此事的所有诉讼，因此不会产生法律费用。

在现实世界中

不接受审判的可能性

历史上，76% 的专利诉讼以和解方式结案，只有大概 4% 的专利侵权诉讼走完全部审判程序。

客户请求就本案的和解价值作出决定。作为做出这一决定的第一步，应当准备一份诉讼的模型或流程图，如图 8.1 所示。顶部或前三个流程框仅仅是为了将问题置于其历史背景中，作为过去的事件，它们可能已被忽略。

图 8.2 显示的是以决策树的形式呈现的对相同问题的分析。决策树列出了构成当前问题的所有已被识别的不确定性，并以图示方式说明了它们之间的关系。所有可能的结果都列在树右侧的一列数字中。然而，到目前为止，这些不确定性带来的风险还没得到考虑。因此，我们不能确定这些结果中的任何一个实际发生的可能性。

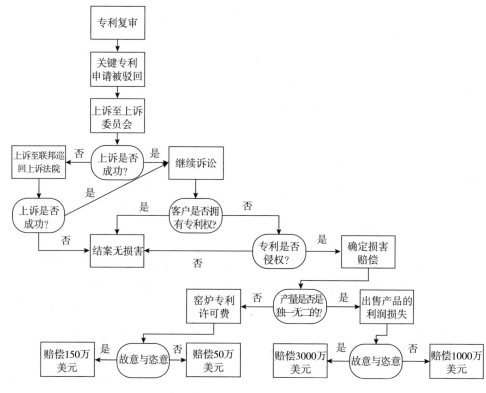

图 8.1　诉讼流程图

评估风险

在确定了所有不确定因素之后，我们现在必须评估与之相关的风险，也就是说，我们必须确定每一个可能结果发生的可能性或概率。

一般来说，律师不愿意给风险估算概率。这可能是由于人们认为无法做出准确的评估，或者（更有可能）担心评估可能会被证明是不准确的，并会反过来困扰他们。（一名律师声称，他的医疗事故保险公司不允许他提供风险的百分比评估。）虽然这被证明是困难的，但遗憾的是，没有其他方法从涉及其中并对此问题有相当了解的人那里获得风险评估。从几个人那里征求评估意见并向他们保证只使用评估最终的平均值，有时可以克服这种不情愿。（这一方法被拿来与招募行刑队成员进行比较，招募时向他们保证，其中一个的步枪里面有一个空弹匣。）

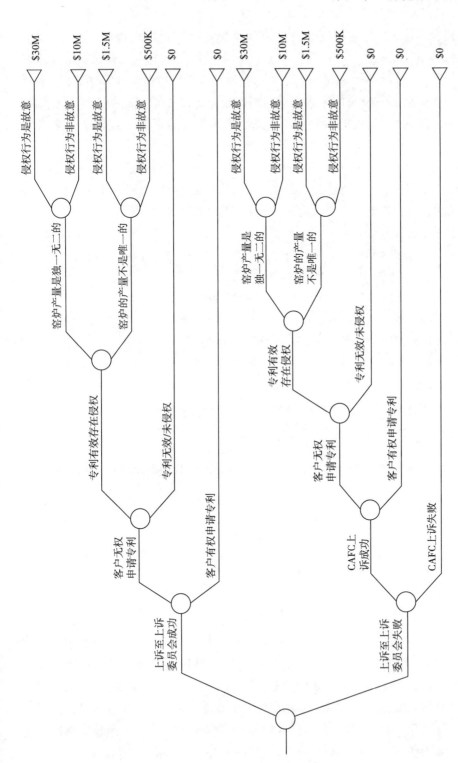

图 8.2　诉讼决策树分析

还有一种更好的方法（尽管更烦琐和费时）是所谓的 Delphi 方法，它涉及从许多人处征求意见（在这种情况下是风险评估），这些人通常被隔离和匿名，以防止他们的观点被地位、权威或其他令人生畏的影响力所改变。在所有的参与者提交了一份评估报告之后，那些提交了最极端观点的人（在我们的例子中，最高和最低的风险评估）被告知其他人的意见并提供了重新考虑（"改变"的委婉说法）他们自己观点的机会。如果他们拒绝这个机会，就必须陈述其维持极端立场的理由。然后，这些理由被传达给其他参与者，然后他们有机会重新考虑他们的意见。如果他们拒绝改变他们的意见，他们必须对极端分子提供的理由作出回应。如此提供的任何理由随后被传达给极端分子，他们再次被赋予了选择权以修改（另一种委婉的说法是"改变"）或捍卫他们的观点。一般来说，经过两到三次这样的迭代，一些接近共识的东西就会达成。

继续这个例子，其中的风险被评估，如表 8.2 所示。

表 8.2　风险评估报告

专利办公室上诉委员会将撤销专利审查员对重新审查的指控驳回的可能性	30%
CAFC 撤销上诉委员会的决定确认驳回申请的可能性	30%
当事人被发现在法庭上有权获得专利诉讼的权利的可能性	10%
被法庭发现重新审查的专利是有效的和被侵犯的可能性	80%
法院判定专利导致客户产品质量提高的可能性	80%
如果被告被判犯有侵权罪，法院将判定侵权行为是故意和恣意的可能性	50%

在获得这些风险评估之后，我们现在准备完成我们的案例诉讼风险分析。

把它放在一起

一旦评估了问题中固有的风险，它们就会被输入到先前准备好的决策树中，如图 8.3 所示。

一个给定的结果实际发生的概率现在可以被计算出来。它是在结果和起始点之间的路径上所遇到的每一个风险的数学组合。（风险是通过将它们相乘来组合的。）每一种可能的结果出现的概率列在表 8.3 中。每一种可能结果的发生概率之和为 1.0（或 100%），这意味着（如果我们的模型是准确的）其中一个结果必须发生。在表 8.3 的第三个专栏中，标题为"期望值"，列出了每一个可能的结果乘以它实际发生的可能性或概率的乘积。期望值的总和是所有可能结果的期望值和问题可能性的结果。在我们的例子中，这是该案例的有效价值 246 万美元，代表了对客户有效的潜在责任。

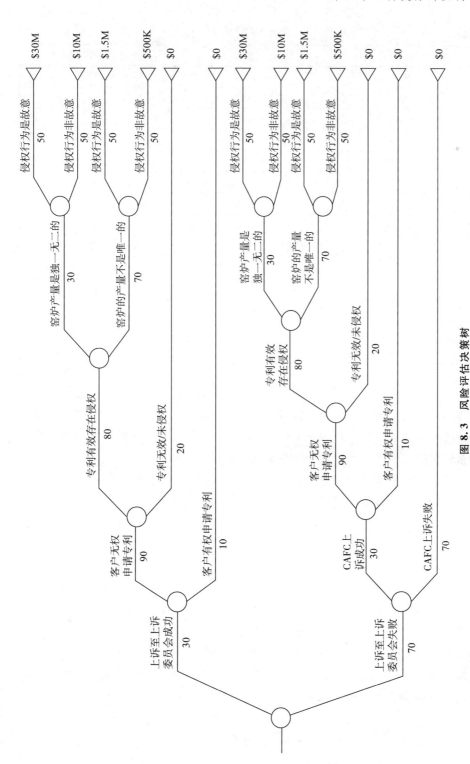

图 8.3 风险评估决策树

表8.3 概率表

可能的结果（百万美元）	可能性	期望值（百万美元）
30	3.24%	0.97
10	3.24%	0.32
1.5	7.56%	0.11
0.5	7.56%	0.04
0	5.40%	0
0	3.00%	0
30	2.27%	0.68
10	2.27%	0.23
1.5	5.29%	0.08
0.5	5.29%	0.03
0	3.78%	0
0	2.10%	0
0	49.00%	0
总计：84	100%	2.46

一旦分析完成，它应该接受一个完整的测试。换句话说，结果是否如此令人难以信服以至于认为它很可能是错误的？（提示：如果结果看起来不合理，但是各种可能性的概率总和是1.0，那么这个错误很可能在模型中；要么流程图是错误的；要么是在将其转换为决策树时犯了错误。）

一旦有理由相信风险分析是合理的，那么确定模型的敏感性或构成问题的各种不确定性的危险程度可能就会有启发作用。这是通过改变与不确定性相关的风险的评估，并观察对预期值的总和的影响（一种称为敏感性分析的过程）来完成的。这样的敏感性分析可能揭示了一个看似次要的问题的重要性；或者相反地，可能揭示了一个被认为是关键的问题实际上并没有什么意义。

最后，应该检查分析以确定它是否与常识或其他被广泛接受的观点相矛盾。例如在我们的例子中，尽管对于高管获得关键专利申请权的可能性有相当悲观的看法，但我们了解到，现实中他有51%的成功概率。这是由上诉委员会推翻专利审查员的30%可能性加上上诉将被带到美国联邦上诉法院并作出有利于高管判决的21%（0.7×0.3＝0.21）的可能性组成的。除非和解，"更有可能"的是，客户将不得不在审判时面对它。

提示和技巧

在基于决策树风险分析作出决策时，必须始终牢记在现实生活中有时会发生不太可能的结果。事实上，我们的分析已计算出此种结果发生的准确概率。如果此种结果会产生严重的（甚至是灾难性的）影响，就不能被完全忽视。

每个未来事件都将成为历史性往事，随着决策树更新，对一个意外结果表示吃惊的可能性会降低。随着所预测的某事件发生时间过去，它发生的概率或者是100%（确实发生了）或者是0（它没有发生），先前估计的该事件发生的概率被历史事实所表现出的确定概率所取代。

在现实世界中

真正的交易

本章中使用的例子来自作者代理的真实案例。此案如下：

1. 上诉委员会确认了专利审查员驳回的重新审查的关键权利要求。

2. CAFC撤销了上诉委员会的裁决。

3. 法院裁定当事人对诉讼中专利没有任何权利。

4. 法院认为重新审查的专利是有效的，且是被侵权的。

5. 法院认定专利密造成客户产品质量的提高，并以"利润损失"为依据给予损害赔偿。

6. 法院认为侵权行为是故意的，并判决给予3倍赔偿。

处理复杂的问题，进入现代社会

正如本章开头所提到的，专利侵权诉讼带来了大量的风险，其中一些是所有诉讼中常见的，而另一些则是专利诉讼的特殊之处。专利的具体问题涉及专利有效性、专利可执行性、专利侵权问题以及损害计算。这些问题，以及它们所包含的一些分支问题，都在表8.4中予以体现。

在现实世界中

更多的专利诉讼可能性

只有1.1%的专利被提起诉讼；大约67%的被诉专利在诉讼后仍然有效，只有11%~12%的专利被认为不可执行；66%的专利在审判中被确认为构成侵权。

知识产权精要：法律、经济与战略（第2版）

专利将有多大可能性：

❖ 因如下原因无效：

- 现有技术（可预期、显而易见）
- 无法实施
- 未公开最佳模式

❖ 因如下原因不可执行：

- 不公平的行为
- 懈怠
- 禁止反悔
- 专利滥用

❖ 因如下原因没有侵权

- 权利要求1
- 权利要求2
- 权利要求×

对于所宣称的每一个权利要求（至少是独立权利要求），最好都应该进行侵权分析。一旦分析完成，可能会提出进一步的问题（见表8.4）。

表8.4　侵权分析中的一些问题

1. 寻求初步禁令的诉讼请求被授予的概率是多少？
2. （1）无效；（2）不可执行性；（3）无侵权或；（4）侵权判决的即决审判被授予的概率是多少？
3. 在支持原告诉讼请求后，损害赔偿将依利润损失还是依合理许可费进行评估？
4. 故意侵权行为是否被发现（例如是否会判决给予多重损害赔偿）？
5. 这一案件会被视为例外吗（即律师费会被给予赔偿吗）？

除此之外，我们还认为专利侵权诉讼的复杂性已经大大增加了，因为所谓的马克曼听证会的要求，实际上在审判之前又增加了一层诉讼——一项专利侵权案件的解决方案。

此时，敏锐的观察者会注意到，在决策树中添加的每个不确定性都会导致树分支的数量大量增加。事实上，在树的根部添加了一个单一的不确定性（只有两个可能的结果），这可能使完整树的分支数量增加一倍。因此，当对一个问题的分析变得更加详细时，决策树会进一步扩展，即使不是不可能，也会变得难以人工处理。将密切相关或相互交织的不确定性结合在一起有时可能会改善这个问题。因此，在我们的例子中，专利的有效性和侵权是相结合的。然而，整合性地认定某专利中所有权利要求有效（基于所有权利要求被一致

— 88 —

认可或否决），或者甚至假定专利组合中几个专利请求均有效，可能是一个合理的简化。事实上，如果对专利有效性风险的评估是不可能（或不方便）获得的，历史数据可能会被代用。例如，历史上陪审团认为专利有效的概率是67%；而在法官审判中，法官认为专利有效的概率是57%。

还应该注意的是，尽管需要付出相当大的努力，但在示例中所作的风险评估是作为一个单独数字得以显示的。很明显，一个概率范围，而不是一个数字，更有可能是正确的而且不那么麻烦。尽管数学公式的存在允许使用某范围，而不是具体的风险评估，但是这种方法非常复杂，不适合普通的从业者使用。幸运的是，这个问题被称为 Monte Carlo 模拟的方法巧妙地解决了。

简单地说，Monte Carlo 模拟利用随机数字来确定构成问题的各种不确定性的实际结果。每一个完整的模拟都代表了这个问题的一个可能结果。为了对问题的所有可能结果进行统计分析，模拟重复了很多次。因此，与我们的示例的简单分析不同（它产生了一个表示所有可能结果的期望值的单一数字），Monte Carlo 模拟结果呈现出所有可能的后果并计算出它们发生的相应概率。Monte Carlo 模拟并不是说会发生什么，而是指定了各种可能结果有多大可能性发生。这样的模拟也提供了进行灵敏度分析的好机会。

> **提示和技巧**
>
> 正如预期的那样，可以使用各种计算机软件包，它们都有助于创建决策树并促进简单的或 Monte Carlo 的分析。对于决策树的分析，作者强烈推荐了 TreeAge 软件公司的决策分析软件，该软件在本章被使用。

选择和管理你的法律顾问

没有军队不能打赢战争，没有律师团队也不能起诉一个专利。选择一个法律公司是具有挑战的任务，但也不是极其复杂的。仅仅三个因素需要被考虑：质量、灵活性和价格。

少数优秀的人

有一句古老的中国谚语：金钱不一定能买到好的士兵，但好的士兵总是会为你带来金钱。尽管长期以来，人们认为质量比价格重要，但是一些原告在选择律师事务所去进行专利诉讼时仍然过于关注价格。不要这样做。有必要支付必要的费用留住最优秀的人才。如果赢了上诉，很少有人会担心成本。如果输了，节省的钱也起不到任何安慰的作用。

一些当事人决定雇用最好的法律顾问，但问题是如何鉴别他们。通常，人们去看最近的、很有新闻价值的案子，试图雇用代表胜诉方的律师事务所。虽然这种方法有一定的逻辑基础，但请记住就算停止的时钟一天也会正确两次。因此也需要询问公司曾经失败的案子。

尽管存在种种缺陷，但报纸等媒体以及同事们的建议可能是选择候选律所的最佳方式。要从这些候选律所中挑选一家，必须对候选律所进行考察并进行批判性的分析。

考察可以通过以下方式完成：首先准备案情概要然后发送给每一个候选律所，在此之前必须确认：候选律所没有阻止接受此案件的因素，而且它们愿意接受此案并讨论它。一些律所可能不愿意去接受该案件，要么是因为先前存在的阻力，要么是因为它们希望被对方当事人雇用。识别这样的律所也许是有用的。此外，那些被考察律所也可能因此被禁止代表对方当事人。因此，即使是不成功的考察也并非没有好处。

律师事务所不会提起诉讼——律师会这样做。在面试一家律师事务所时，一定要去与负责该案子的律师交谈。不要满足于公司管理人的陈词滥调，他只负责签订协议后检查和增加（以后更多）该事项的账单。当与主要负责此事的律师交谈时，询问该案子被发现的优势和薄弱之处以及将要采取的策略。显然，随着获取到的信息变多，之前的初步意见和计划都会被修改。尽管如此，被接见律师应该熟悉所提供的信息，应该找到案件关键问题并且能够提出一个全面和现实的策略。

有时面试者会在面试前研究该问题。这些努力显示了主动性，或者至少显示了想获得新客户的强烈愿望。如果这样的研究已经完成，请仔细考虑，这个研究与你的案子有关吗？研究是有效的吗（是否增加了成功的可能性）？并不是所有的研究都是相关的或富有成效的（尽管价格都会很昂贵）。律师在面试中缺乏专注也一定会在整个案子里缺乏关注。

有责任的律师都不会单独代理专利诉讼，最常见的情况是首席律师是该公司的合伙人或高级合伙人。通常有一个同事，一般是中层助理来协助首席律师。如果可以的话在面试中也咨询该助理，助理和首席律师共事多久了？若合作时间长则表明首席律师更愿意与这个助理合作，这从另一方面又表明了对助理的尊重。

很多是士兵，很少是战士

　　许多律师把自己当作诉讼律师，但千万不要把出庭律师和诉讼律师混为一谈。诉讼的大部分工作是在法庭之外进行的，发现（询问、了解产品、文件审查、证词）构成了诉讼的主要工作，尤其是在知识产权诉讼中。法律问题必须得到解决，必须起草要点摘录。动议和审判本身的争论构成了全部诉讼努力中很重要但非常小的一部分。许多诉讼律师几乎把他们的整个职业生涯都花在了这样的准备事务上，几乎没有向陪审团或法官陈述事实或案情的经历。

　　有效的陈述需要一套独特的技能：在不显现优越感的情况下简化的能力、在压力下快速思考的能力、捕捉和吸引法官及陪审团注意力的能力，以及在舞台的表现力（毕竟法庭也是舞台）。这些都是出庭律师的独特技能，出庭律师要比诉讼律师稀有。要会见一下出庭律师，要看看他们是否引人注目？如果他们让委托人昏昏欲睡，想想陪审团会做些什么（他们根本不想在法庭上出席）。没有什么比一个看好的、准备充分的案子在审判中失败更令人沮丧的了。所以要确保诉讼团队中有一名一流的出庭律师。

柳树，不是橡树

　　专利侵权诉讼是一个漫长的过程。即使情况良好的时候，都会使人疲惫和恼火，与律师发生冲突会使事情变得更加糟糕。故应尽一切努力保持一个良好的关系，这样的关系需要律师有包容的性格和一定程度的灵活性。

　　必要的灵活性将以多种方式体现出来。首先，被选中的律师必须与当事人分享对案件的看法和态度。这并不意味着阿谀奉承——相反，当他支持所分享的信息时他才能进行最有效的代理。一个会谦恭地接收客户意见的律师，通常也会谦恭地向对方律师提出关键的问题。然而，如果一个人在开枪前不同意律师意见，那么在子弹开始飞时分歧只会变得更加激烈。（注意：如果在广泛搜索后找不到合适的律师，那么你应该思考可能是因为你的观点不合理或者此案很糟糕）。

　　其次，律师不仅要为客户工作，也要和客户并肩作战。无论律师多么勤奋和专业，客户也很可能对案件的所有相关事实和情况有更好的了解。此外，随着案件的进行，律师们倾向于缩小他们的关注点。客户有责任保持一个更全面化的视角，保持对行业和各方环境变化的认识。诉讼应该服务于客户的需求，而不是驱动他们。一个警觉和参与的客户可以确保策略，甚至战略，都能及时和适当地修改以适应不断变化的环境。这就要求客户必须了解案件中的所有问题，并且律师愿意并且能够在战斗激烈的时候接受作战计划的改变。

事实上，所有的律师都会承诺让客户了解案件的进展情况，但只是一些人而不是所有人去努力实现此承诺。然而，这样的承诺对不同的人意味不同。律师应该提供信息，以便有时间采取行动。事后收到的信息（即已经归档的文件副本）仅仅具有历史价值。在理想的情况下，律师应该提供初步的草稿或概要和动态，这样就可以在最少干扰下让当事人有效地配合落实。同样，有关证词的计划和策略应详细讨论后再实施。

律师费用

有三种基本的律师付酬方法（作为专业人士，律师得到的是补偿，而不是因他们的服务而被"支付"）：固定费用、基于时间的计费和风险代理费。然而，有时当事人也会依这三种方法的不同组合付酬。

固定费用最适合于需要完成的工作量是高度可预测的。因此，他们从未在专利侵权诉讼中遇到过。

基于时间的计费，也称为按时计费，是专利诉讼人最喜欢的方法，因此是最常用的方法。与风险代理费不同的是，按时收费不产生律所收不到报酬的风险。与此同时，它允许客户只为实际提供的服务付费。假设客户须支付律师事务所每月费用，按时计费可能是客户的首选补偿方案。

然而，基于时间的计费方式并不是没有缺点。其中最主要的缺点是缺乏高效工作或者将成本降到最低的动力。如果不加制止，可能会出现人员过多和让高水平员工做初级工作的情况，这些问题在大律所中最为普遍。事实上，在分析了大量的经验数据之后，人们发现了以下自然法则（即勒纳定律）：

- 价格和质量之间几乎没有关系
- 一家律师事务所的规模和质量之间几乎没有什么关系
- 一家律师事务所的规模与它所收取的费用之间有显著的关系

不能下结论说大型律所是邪恶的或不诚实的；但是，在一定程度上，规模会带来规模不经济问题，因为市场营销和管理对律所的经营（以及它的成员的成功）变得越来越重要。一般来说，如果律师需要按时计费，最好聘用到能处理相关问题的大律所。

只站着和等待他们也需要付钱

　　另一个控制成本的方法是通过坚持记录每一天详细的任务单以及所花的时间——基于任务的计费。这种计费表可以从所有的律所获得。如果有人坚持，他们会答应的。对基于任务的账单的分析可以提供很多有用的信息（有一些公司，被称为法律审计公司，专门从事此类分析）。特别是，基于任务的计费方式对遏制律所的配备人员过多（一种以前被称为"人员超配"）的趋势起到了有益的作用。例如，在只有两名律师就足够的情况下派三名律师去作证。另外，通过明确将时间分配给某件事的计时员，基于任务的计费方式有利于新人参与团队。这是很重要的，因为新人需要跟上进度——就案件事实和状况不断向他们作出简要指点，是非常耗时的（指点人和被指点人都要花费大量时间），因此代价高昂。

　　显而易见的目标是让尽可能少的人参与到这个案子中来。客户应该小心，不要让律师用他的案子作为一个方便的账户，用此报销他们本来不能报销的时间，也不允许律所使用案子作为实习生和新员工的训练工具，让他们用别人的钱来培训他们的员工。此外，那些知道自己受到监控的律师事务所的工作效率更高。

　　检查律所在支付方面的政策。一些律所对它们每小时收费所覆盖的事务的看法很狭隘——几乎所有的事务都需要付费。作者曾见过一家律所为使用该律所自己的图书馆收取费用，另一家律所（与其说是创新不如说是反动）强调各种杂项收费。数量惊人的律所将会增加它们的支出，以增加边际利润。有时这被伪装成会计费用或行政费用。如果它没有向客户公开此项支出，则它是不道德的，也很糟糕。一些律所会在客户的账单中增加加班费，这反映了对那些可能工作到很晚的员工的额外补偿。当因案件需要而确有加班必要时，这种收费是可以接受的。如果这是因律所的调度有误或人手不足造成，则这种要求显然就是不可接受的。

　　仔细阅读法律账单，并毫不犹豫地反对可能被认为不可取的不当行为或人员安排。在有争议的数额增加之前，迅速地做好这件事（如果已经完成了，最好完成得快一点）。

　　最后，及时支付法律费用。律所不是银行，也不会同意为诉讼提供资金。一个按时付款的客户在赢得其律所的让步方面处于更有利的地位。

分担风险以及回报

风险代理费涉及客户和律所之间的一项协议，即后者将仅从案件的收益中得到补偿。一些律所还会提供诉讼所需的资金——诉讼费用（例如，诉讼费和服务费、专家证人和法庭记者的费用以及旅行费用），而另一些则不会。在这两种情况下，很明显，这家律所已经接受了不付款或者不全额付款的风险。如果这家律所垫付了诉讼费用，那么它有失去它所垫付资金的更大风险。为了弥补这一风险，也因为它们有经济实力来承担这种风险，按风险代理费方式承接了诉讼业务的律所，会按照未来收益的比例收取代理费，是按时计费所收费用的三至四倍。因此，应该清楚的是风险代理费计费方式对客户来说是最昂贵的，应该只在必要时才使用。

人们普遍认为，以风险代理费计费方式收费的律师，应收取赔偿费用的1/3。这是一个粗略的简单化的统计。就像生活中的大多数事情一样，律师的风险代理费也要经过谈判。即使是在应急安排中，律师所付出的努力和收取的回报之间也应该有一定相关性。很少（只有4%）有专利侵权诉讼实际上是通过审判进行的，大多数被和解了。和解可以在诉讼的任何时候（尽管最常见的是在马克曼听证会之后）发生，正是这一事实为谈判提供了基础。通常情况下，律所会同意一个分等级的赔偿数额，其比例与事件结束的阶段有关。

正如人们所认为的那样，这三种基本收费方法有许多可能的组合。有时，这样的混合安排包括对风险代理费的限制，通常与保证的最低限额相结合。最好的安排是最能满足各方需求的安排。话虽如此，作者所喜欢的收费安排包括了按时计费和风险代理费的同等混合。客户同意支付诉讼费用，按时计费的一半和按风险代理费计费的一半。由于大多数律所的管理费用高达40%～50%，这样的安排可以消除它们在这件事上的风险，最坏的情况下它们也会收支平衡。与此同时，相当大的风险收入为成功提供了动力。如果有几家律所拒绝这样的安排或拒绝以风险代理费计费方式为基础，那么可以断定它们认为此案有一定胜诉机会（或者缺乏胜诉机会）。

执行的策略和战术

战术是作战的计划。策略是赢得战争的计划（达到指定的目标）。

成功的专利实施，如成功的军事行动，通常取决于所拥有的情报（即对敌人的了解）。在商业上，情报收集被称为市场调查和竞争分析。在开始专利实施活动之前尽可能收集多的情报，要一直收集情报活动，直到活动结束。

请注意，专利实施是在一场战役中描述的。专利侵权通常不局限于单个犯罪者，它经常在一个行业中传播。如果发现了侵权者，那么就调查其竞争对手。至少可能其竞争对手中有一些也处于侵权状态。如果是这样的话，专利执法的程序就变成了一场针对某一行业的运动。

选择被告

当温和的劝说被证明是失败的时候，是时候拿起棍棒了。在确定了多个侵权人之后，首先必须解决的问题是，先起诉哪个侵权人。先解决最大和最强的侵权人，这种建议通常是由善意的外行人（这里是"白痴"的委婉语，被律师称为"管闲事的干涉者"）而不是有经验的律师提出的。这里的理论是，在成功地击败了这样一个侵权人之后，所有其他的人都将会站在一条线上，不会对专利许可大惊小怪。不要听信这种观点。这样的建议相当于把自己的头撞在墙上，而不是打开一扇门畅通无阻地进出。选择最弱的对手，而不是最强的对手；选择最有可能解决问题的人，而不是最有可能拒绝的人。

尽管大多数企业高管都不愿第一个拿到专利或专利组合的许可，但他们也不太愿意成为第二个。随着被许可方数量的增长，后续的每个许可会变得更容易。因此，有充分的理由让最固执的违规者最后得到处理。而且，随着被许可人数量的增长，许可的成本也会增加。因此，最难以对付、最顽固不化的侵权者，被放在最后处理，通常也会付出最大代价，假如世界上存在正义的话。

既然已经决定要先摘取唾手可得的果实，那么问题就落在了身份问题上：哪一种侵权者最不可能进行咄咄逼人的防御？这是一个证明情报价值的领域。公司，像自然人一样，有个性，有些喜欢挑战，而有些是厌恶风险的。从研究侵权人过去的历史中可以学到很多东西。它经常提起诉讼吗？当它确实提起诉讼的时候，它是想及早解决还是斗争到底？由职业经理人管理的上市公司往往比私人企业更保守。公司经理们担心，股东们会因成本高昂的诉讼产生不利于己的反应。小公司，如果其总裁是创始人且拥有全部或几乎全部的股权，则应特别小心处理。这样的领导者往往十分自以为是，并且不需要对任何人负责任。起诉这种公司通常就像攻击一个柏油娃娃，托尼·莫里森在同名小说中塑造的一个人物形象，比喻难以摆脱的困境即使取得了胜利，费用也可能超过收回的金额。

在选择第一个目标时非要考虑的另一个因素是所谓的"从属"请求的可能性，即因被告的同一行为引起的除了专利侵权之外的其他请求。例如，可能还存在商标权或版权，违反了保密披露协议的义务，甚至违反了先前授予的许可协议。这种请求方式有以下几个好处。

首先，它极大地降低了被告成功避免审判的可能性。大多数被告最初对一套诉讼的反应是大声且好斗地宣称案件是没有任何事实根据的，专利是无效的，即使它是有效的，它也没有被侵权，而且法院会驳回诉讼请求（在某些情况下，这些断言实际上是善意的）。如果存在从属请求，成功证明专利无效或不侵权的被告仍将面临其他诉讼请求的审判前景。这一因素可能会导致被告更加认真地考虑和解。

其次，提出的诉讼请求越多，原告在至少一项诉讼请求中胜诉的可能性就越大。最后，也可能是最重要的一点是，原告的指控证据可能会使被告处于不利地位。在相当大的程度上，审判（尤其是陪审团审判）是一种道德的游戏，在正义与邪恶之间持续争斗。在审判的早期，陪审团决定哪一方是好人，哪一方是坏人。在该决定的情形下，所有的证据都要得到考虑、评估、接受或拒绝。

虽然陪审团可能不能完全理解专利法的细节（谁又理解呢？），它更熟悉关于说谎、偷窃和获取不公平优势等更常用概念。陪审团将在此基础上作出裁决。如果一个领域的潜在被告与专利权人进行广泛的沟通，询问有关产品改进或进一步开发的情况，或询问许可的可能，那么就选对被告了。简而言之，选择最有可能被打败的被告。

其他应该被视为早期诉讼中扮演主角的侵权人是那些正在进行重组——收购、合并、剥离、杠杆收购、公开发行等的公司——在这些情况下诉讼的风险和干扰尤其不受欢迎。这些情况通常会促使被告解决问题。同样，财务状况不佳的公司或正在实施高风险和昂贵项目的公司也可能倾向于和解。然而，在审判中获胜或获得有利的和解却以被告的破产而使胜利被消解，这是非常令人沮丧的。有的时候弱是好的，太弱则又不好了，这是另一个有利情报的价值的例子。

像战争一样，专利实施在本质上可能是防御性的或进攻性的。防御性专利实施旨在保护有可能被诉讼所认定的垄断，意在消除在专利保护区内偷猎的侵权者。进攻性专利实施通常涉及从其他未开发（非核心）专利中提取价值，它寻求从那些使用主题发明的人那里获取特许权使用费。不常见的是，进攻性专利实施包括试图通过宣告性判决诉讼攻击和克服守护型专利而打入受保护的市场。

制定战略

鉴于战略是实现目标的计划，制定战略的第一步是明确目标。过于狭隘地界定目标可能会导致错误的战略。例如，防御性专利实施的目标可能是维持专利发明领域的有效垄断。显然，获得进一步侵犯专利的永久禁令可以实现这一目标。

然而，考虑一下这类侵权人，使用该专利产品对他们而言至关重要，专利是侵权人生产其唯一产品所必需的。施以禁令，并拒绝随后授予与专利诉讼有关的许可，很可能会对侵权者产生致命的影响，这可能会使侵权人破产。面对这样一种灾难性的可能性，侵权人别无选择，只能奋战到底。这样的反应显然不符合专利权人的利益。侵权人可能成功地证明涉案专利无效、不可实施或不侵权。即使专利权人最终在法庭上获胜，这一事件的代价也可能使胜利得不偿失。

然而，如果不把防御性实施的目标视为获得禁令，而将其视为利润最大化（所有业务战略的最终目标），则可能会出现一种新的解决方案，即授予侵权人许可。通过增加侵权人的成本，专利权人在相关市场中保留了竞争优势，并获得了使用费，同时避免了诉讼的成本和风险。如果这样的目标确实可行，专利权人可以寻求一种更灵活的诉讼策略，即当利益达到最大化的那一点时（超过此点，进一步诉讼的成本将超过收益）即刻停止。

确定最大利益点需要仔细分析从专利垄断中获得的价值。通常，这样的分析结果令人惊讶。例如，专利权人缺乏资源来完全满足专利产品或服务的需求，而且没有预期在不久的将来能获取这些资源，市场上另一个供应商的出现可能不会导致销售损失，实际上，甚至可能不导致任何价格侵蚀。在这种情况下，将侵权人转换为被许可方是有利的，而不应该去浪费资源寻求禁令。同样，可以确定专利产品或服务的市场是分区的，而侵权人在一个分区中的定位在目前没有被专利权人解决，也不太可能在不久的将来被解决。在这种情况下，许可不仅会创造收入来源，而且更重要的是，它可能被用作防止前侵权人扩大到被专利权人占领的市场分区的工具。

专利复审：复审还是不复审，这是一个问题？

实质上，专利复审是用于消除关于已授权专利权利要求的有效性的不确定性程序。该程序适用于所有专利权人以及第三方。复审程序允许专利审查员重新开始对专利的审查，以考虑在授权之前未考虑的现有技术。

直到最近，所有专利复审都是单方面的，任何人都可以启动复审，但只有专利权人可以在该流程开始后与专利审查员进行沟通。这种对审查员作出回应实际上能带来大量可用资源，因为不必回应任何第三方申请人的看法，这给专利权人带来了决定性的优势。由于这些因素，大约70%的复审权利要求在复审后仍然存在，无须进行任何修改。

更重要的是，现有技术曾被作为复审的基础，并被专利权人成功地克服，它作为攻击专利有效性基础的价值，在所有实际的目的下，都被摧毁了。如果专利审查员第二次认定该专利有效（即所谓的"双保险"专利），那么法官和陪审团都不可能发现相反的情况。

因此，如果在起诉前或（在提起诉讼之后）审前证据开示期间，发现了使现有技术无效的相关证据，那么要做什么？是否应该提起复审？这个问题的答案（就像许多法律问题一样）是"视情况而定"。

鉴于上述复审优势，专利权人在这种情况下可能会选择复审。事实上，如果被告（或未来的被告）主要依靠专利无效的辩护，成功的复审可能会导致和解。

当被告提出同样的问题时，答案并不如此清楚。当然，表面的回答是，复审对专利权人有利，被控侵权人不应寻求复审。实际上，这个决定并不那么简单，这很可能取决于被告是否对侵权指控有其他有效回应。由于先前出售或公开使用而导致的无效，没有披露最佳的操作方式，缺乏实施性，或不侵权——这些都可以呈现给事实审判者。如果存在其他抗辩事由，被告很可能会决定接受程序上的不利，向被训练得能够多理解他们的专利审查员呈现证明专利无效的具有高度技术性且复杂的论点。如果这些论点被接受，专利权利要求鉴于新引证的现有技术，被否定性地认定为不可授予专利的要求，则被告胜诉。如果专利权利要求通过了复审程序，则被告仍然可以向法官或陪审团提交对外行而言更易理解的其他抗辩理由。

还有第二种类型的复审（理论上）可能消除专利权人目前享有的优势。新的复审形式称为双方当事人程序，允许复审申请人（发起复审的一方）参加复审。新程序仅适用于1999年11月29日或之后提出的申请所授予的专利。

这种参与的能力对于被告或未来被告来说是好消息。坏消息是，在启动了双方复审后，申请人将被禁止（或阻止）在随后的审判中提出在复审期间曾经提出的或可能提出的任何抗辩，这一规定将会产生多大的影响还有待观察。事实上，在这一点上，双方复审的战术影响仍不清楚。

诉讼与和解

诉讼涉及很多风险。另外，诉讼，尤其是专利实施诉讼，非常昂贵。这是考虑和解而不是诉讼的两个充分理由。

历史数据表明，专利侵权诉讼中，专利权人的胜算概率很大，这很好；但是在从这些数据中得到太多安慰之前，你应该考虑这些统计数据的真实性。它们是大数法则的一个例子。（对于那些在数学上受到挑战的人来说，大数法则本质上是说随着事件数量的增加，实际的结果将会收敛于数学计算的结果上。）因此，历史数据可以为大量事件的预测结果提供很好的论证。但它们并没有为下一个事件的结果提供好的暗示。如果有大量案件要提起诉讼，那么这些诉讼的结果很可能与这些诉讼的历史统计数据相吻合。然而，很少有专利权人对大量案件提起诉讼。大多数专利权人会提起一件诉讼，或最多也只提起几件诉讼。对于这些专利权人来说，历史数据的相关性可能有限。

例如，让我们假设一个人想玩俄罗斯轮盘（这与专利实施试验很相似）。数学告诉我们，在任何一种游戏中，锤子砸在空房间的概率是 5：1。如果这个游戏玩了 6 次，那么玩家只会输 1 次。然而，输球可能出现在第一场比赛中、第二场比赛中或者在第三场比赛中。而一个输了第一场比赛的球员再也不能上场了。

典型的因专利侵权而提起诉讼的专利权人，也处于同样的境地。如果该专利被认为无效或无法实施（即废弃），则不再有审判。如果专利被认定有效且可实施，但不存在侵权，专利权人很可能缺乏足够的资源（金钱）来对不同侵权人再次提起诉讼。

大多数发明人都有理由为他们的发明而自豪。一些投资者被他们的骄傲所蒙蔽。他们会坚持认为陪审团肯定会理解他们发明的价值。不要相信这种观点。虽然历史数据确实表明陪审团存在某种重视专利的偏见，但陪审团是不可预测的。与陪审员进行的审判后讨论或者对所谓的模拟或影子陪审团的研究一致表明，陪审团经常根据原告和被告双方认为微不足道甚至无关紧要的事项作出裁决。尤其是当双方都不能表现出比另一方更明显的让人同情，并且要以纯技术性（即无聊）理由来裁决案件时，情况更是如此。如果不能让陪审团有好感或获得他们的同情，就不能指望他们的支持。这同样适用于法官。虽然深谙法律，但很少有法官曾经研究过科学或工程学。案件的技术越复杂（难以理解），就越不可能根据技术理由来裁决案件。在许多情况下，参与诉讼是一种不好的（在这里是"愚蠢"的委婉表达）风险管理技术。

和解避免了风险。它将决策权交给那些知识渊博、受过良好教育的高管，而不是 12 个无聊的陪审团成员，他们通常对自己被拖进陪审事务感到愤怒。和解可以节约成本，避免诉讼带来的干扰。更重要的是，诉讼没有多少可能的结果，而和解方案可以满足各方的特殊需要。最后，和解往往会结束诉讼带来的敌意。在决定掷骰子之前要仔细考虑，因为诉讼常常带来令人失望的结果。如果你想赌博，那就去赌场，在那里至少饮料是免费的。

替代性解决方案：和平缔造者是有福的

读者应该明白，专利诉讼充其量是成本高，耗时且分散注意力的。（如果不明显，请重新阅读本章中的"专利侵权"一节。）幸运的是，还有其他途径可以解决专利纠纷，统称为替代性解决方案。

尽管存在无数变化（并且经常有新方案被提出），但不同形式的替代性解决方案可以大致分为三类：

1. 调解。
2. 仲裁。
3. 私人审判。

调解包括引入一个中立的第三方，以寻求促使双方达成协议，它迅捷而廉价。然而，通过调解解决问题的成功很大程度上取决于调解员的人际技巧、经验、创造力和专业地位。虽然调解员不能强迫当事人解决问题，但调解员的意见受到高度重视并因此被双方接受，可能会成功解决问题。但总的来说，调解并未得到高度重视，因为成功率很低。当它是真正自愿的且当参与者具有充分的和解权力，如足够的级别和自由裁量权以至于他们不需要随后向他人解释自己时，调解似乎最有效。如果这两个条件不能满足，那么接下来的只是一个阴沉的流氓集会，其唯一目标是收集有关其对手案件的情报，而没有披露他们自己的情况。调解可以在任何时候实现，甚至在诉讼期间（通常在证据开示完成后）。事实上，这受到法院的鼓励（法官们并不认为专利侵权审判具有娱乐性）。

与调解一样，仲裁涉及将中立的第三方（通常是由三个中立党派组成的一组）引入纠纷的解决当中。但是，如果说调解人是要促成解决方案，而仲裁员则是强制解决。仲裁是终局的，因为它不能上诉。仲裁员不需要陈述他们定裁的理由或依据，他们也没有义务遵守法律，不管是成文法还是判例法，不管是实体法还是程序法（因此是任意裁决）。因此，在许多方面，仲裁比诉讼更难以预测。但是，仲裁员似乎有一个明显的分割婴儿让双方平均受益的倾向。最后，尽管仲裁比诉讼成本低、耗时少，但它远不是快捷或廉价的。然而，仲裁通常会产生一定的均衡性，让双方都感到愤怒和沮丧。

不开庭审理是最少使用和最多样化的替代性解决方案。在极端情况下，双方雇用一位退休的法官，法官对案件的审理就像在司法系统中进行一样。因为法官只有一个案件，案件进展的速度远远快于它被带到法庭上的速度。在另一极端情况下，在所谓的小型企业中，每一方都有一段有限的时间（通常是半天）来陈述案情。在此之后，法官或法官组作出裁决。私人审判为经论证的意见提供了一个巨大的优势。但是，由于这个决定是不可上诉的，所以对于败诉方来说，拥有书面意见可能没有什么安慰。私人审判相对较快且经济，小型审判尤其如此，尽管其正式的程度（以及成本和持续时间）往往会随着争议标的额的增加而增加。

私人审判和调解的一个有趣的组合涉及由争端各方的一名或多名高管参加的一场小型会议。在案件结束时，法官试图对与会高管的和解方案进行调解。通常情况下，这是高级管理人员第一次听到他们竞争对手的全面、不间断的、未经过滤的陈述。这样的听证会可能会对那些曾经认为对立意见毫无意义的人产生强大影响。

无论选择何种方法，都可以根据有关各方的需要和愿望，量身定制争议的解决方案。此外，它是私下进行的。它没有记录，也没有先例（尽管产生的文件可能会在后续诉讼中进行开示）。

总　结

如果每一项权利要求内容都在被控诉的设备或方法中发现，专利权利要求就被侵权了。侵权可依权利要求书或等同原则而得以认定。当权利要求书内容和被控设备或方法一致时，就会发生字面侵权。如果权利要求书字面上不同，但被告设备中的相应结构以基本相同的方式，实现了实质上相同的功能并达到了相同的结果，则可依等同原则认定权利要求受到侵权。

积极引诱专利侵权的人应当作为侵权人承担责任。假设某人销售一项专利发明的组成部分，如果他明知该组成部分是特别适用于在专利侵权行为中使用的一种非标部件，则他应当作为帮助侵权人承担责任。

对等同原则的主要限制是禁止反悔原则，通过对权利要求的详尽解释，防止重新获得专利申请过程中放弃的权利要求。费斯托案件的判决追溯性地否定了与申请过程中放弃的权利要求相类似的内容。

专利诉讼涉及的风险是，诉讼专利将被认定无效、不可实施或没有被侵权。此外，胜诉的专利权人得到的补偿可能少于诉讼成本。

诉讼只能向对诉讼主题（标的物管辖权）和被告人（属人管辖权）具有管辖权的法院提起。属人管辖权可以基于被告的居住地，或者在某些情况下以被告的行为地（长臂管辖）为依据。此外，诉讼可能只在管辖法院进行，即在所有有管辖权的法院中，规定案件可以审理的一个或多个法院。选择法院可能对诉讼的成本和结果有重大影响。

一般来说，原告在专利侵权诉讼中应该要求陪审团，而不是法庭审判，因为这样他们会有更大的机会胜诉。

适格的一方可能会提起宣告性判决之诉，主张专利权无效、无法实施或未被侵权。这种适格实际上是对专利权人马上会提起侵权之诉的确信，而这种确信则可能源于和专利权人或可能的侵权人的交流。

在专利侵权诉讼中，胜诉的原告可以被判获得损害赔偿或者是利润损失或者是合理的使用费。利润损失就是，如果专利权人已经实施了事实上由侵权人实施的销售额，他本来应当获得的增量利润。合理的使用费是在侵权开始时，由自愿的许可方和自愿的被许可方同意的使用费。

胜诉的专利权人应该考虑价格侵蚀造成的损害（即需要降低价格以与侵权人竞争）。此外，还应考虑侵权行为对相关产品或服务销售的影响。这些产品或服务的销售被称为护航销售。

如果产品的销售是由专利的引入所驱动的，那么整个产品的销售价格可能是对专利侵权损害赔偿计算的适当依据。这就是所谓的 EMV 规则。

专利侵权诉讼与所有民事诉讼一样，都是以传票和诉状的形式开始的。在此之后，被告出庭应诉并提交答辩状，并且通常会提出抗辩和反诉。

专利权利范围现在是由审判法官在所谓的马克曼听证会上决定的法律问题，这种听证会一般是在答辩程序结束而且双方关于专利权利范围进行了有限的证据开示之后举行。

对专利侵权指控最常见的两种回应是：（1）我自己发明了被指控的产品/服务；或者（2）我从其他公司购买了相关产品。这两种回应在法律上都是不充分的。

懈怠和禁止反悔是两种常见的法律辩护。两者都涉及未能对已知侵权者采取合理迅速的行动。懈怠禁止对过去的损害要求赔偿。禁止反悔涉及专利权人的肯定行为，它导致被控侵权人相信它不可更改，禁止专利权人恢复其权利。

在寻求法律代理时，应根据其质量、灵活性和价格来选择律所。

律师付费有三种基本方法：固定付费、按时计费和风险代理费。在专利侵权案件中，几乎从未发现固定费用。如果采用按时计费，坚持详细记载所执行的任务，每个任务花费的时间，以及执行每个任务的计时员（所谓的任务计费）。风险代理费经常需要协商。

专利实施通常是针对某一行业的行动。在这种情况下，必须挑选第一被告。在作出这一选择时，应该考虑几个因素：一方的实力和防御能力；一方过去的历史——他们是息事宁人还是激烈反击；是否存在从属的诉讼请求——源于对方同一行为而可能存在的除专利侵权以外的其他权利主张；一方是否参与诸如兼并、收购、分立、剥离等活动，这将会分散各方的注意力，并可能使其倾向于在诉讼中达成和解。

诉讼需要一种战略，而战略则需要一个明确的目标。过于狭窄地定义目标可能会排除其他有利的决议或解决方案，从而导致错误的战略。

专利复审是一种程序，在此过程中，审查程序重新开放，允许专利审查员考虑在原申请期间未考虑的现有技术。一项专利有效性的不确定性，通常可以通过重新审查新发现的现有技术来解决。

和解可以避免诉讼固有的风险和成本。此外，双方可以通过制订和解方案来满足他们特殊的需求。

当事人可以选择替代性解决方案来代替诉讼。替代性解决方案可分为三大类：调解、仲裁和私人审判。

第九章
随着时间的流逝，基本原则仍然适用：
网络空间的知识产权

阅读本章后，您将能够：
- ❖ 了解商业方法专利和电子商务带来的特殊问题
- ❖ 了解域名和商标之间的关系
- ❖ 了解互联网引发的特殊版权问题

商业方法专利和电子商务

网络空间的知识产权在本质上与现实世界中的知识产权是一样的，在现实世界中，公司由成年人管理并拥有收益。读者不必担心——从前面章节中（有望）学到的所有内容和在后续章节中（有望）将学到的东西同样适用于新经济。专利仍然是专利，商标仍然是商标，尽管涉及有争议性域名时可能存在一些问题。而且版权仍然是版权（这让使用 Napster 的人们懊恼不已）。

长期以来，专利律师和代理师一直认为算法和经营方法都不能申请专利。出乎意料，这一观点缺乏先例支持，且被美国联邦巡回上诉法院否定（State Street Bank & Trust Co. v. Signature Financial Group, Inc., 149 F. 3d 1368 [Fed. Cir. 1998]）。现在（理论上）商业方法是可申请专利的。（参见本书第十一章 Bilski 的内容），尽管似乎大家尤其是国会都没能就该术语的定义达成一致意见。《美国发明人保护法》赋予了公众对商业方法专利的某些优先使用权，却没有准确地确定其所适用的专利范围（见图 9.1）。但是，基本上，这个术语包含三大类：

1. 使用计算机来执行传统业务功能的专利。
2. 所谓的电子商务类——与互联网和电子商务相关发明的专利。

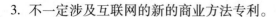

3. 不一定涉及互联网的新的商业方法专利。

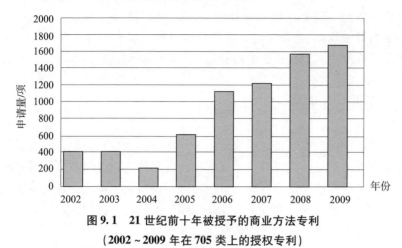

图 9.1　21 世纪前十年被授予的商业方法专利

(2002～2009 年在 705 类上的授权专利)

注：705 类包括数据处理专利：财务、商业做法、管理或成本/价格的确定。

传统，传统！

传统上，熟悉专利制度对最优实施方式和披露要求的科学家和工程师们（通过持续接触专利制度），是创造可专利发明的主体（如果对"最优实施方式"和"披露"术语不太熟悉，请参见本书第一章）。

这些科学家和工程师一般都熟悉相关的现有技术。通常，他们受雇于那些为创新规定了形式和程序的商业组织；有时，这些组织内部甚至有一个专利部门。几乎无一例外地，发明人能够向负责准备专利申请的律师提供计划、附图、电路图、化学公式等。一般来说，原型已经建立，并且测试结果可靠。所有这些因素结合在一起，以最大限度地提高专利申请质量。这便利了律师的准备工作，从而为其降低了成本。这些因素中没有或很少是关于商业方法发明的。

商业方法发明通常是由初次操作者创造的，比如计算机程序员、销售人员和营销人员，他们之前从未接触过专利制度。通常情况下，他们受雇于（如果他们被雇用）新产业第一批并且没有任何制度性支持的企业。商业方法的发明人似乎总是很匆忙，就像爱丽丝的兔子，他们太匆忙，以至不能停下来向律师描述他们的发明。他们不知道或者懒得去描述现有技术（没有任何一项发明是一座孤岛，总会存在现有技术）。他们还没有弄清楚他们发明的所有细节（这些人通常都是具有大局观的人），但是他们认为有几句话或者一个草图就足够了。但这经常并不足够。通常，律师要把"稻草"变成"金子"，完成专利申请。然而，这个过程非常耗时，因此成本高昂（如果对此不太熟悉，请再读本书第一章）。准备商业方法专利申请的成本通常为 1.5 万美元（不包括申请费、修改费、授权费、维持费等）。

问题，问题，问题

专利申请审查的第一步和最重要的步骤之一，就是专利审查员检索相关现有技术，审查员正是依此现有技术对所申请发明的新颖性和非显而易见性进行评价的。为了找到这些文件，审查员依靠专利局检索档案——它是根据主题精心整理排列的大量文献。它们的格式很方便，而且已经按照专利局的制度进行了分类，被检索文件中的绝大多数都是早期授权的专利。因此，作为一个实际问题，审查员对面临审查的申请进行检索，是对该技术领域先前授权专利的检索。

一般情况下，该系统功能良好，但在商业方法专利的情况下则不然。商业方法专利直到大约 10 年前才产生。因此，当审查员进行检索时，检索文件中没有早期授权的文件。其结果是，在道富银行（State Street Bank）案判决打开闸门之后，对这些技术最早提出的申请通过了专利局的审批。退一步说，这些方法专利中的很多内容的有效性值得怀疑（业内许多人都知道这个事实）。意识到此问题之后，专利局已采取实质性措施。它创建了各种非专利文件的数据库，如技术报告、产品文献和在与该领域有关的专业协会会议上提交的论文。现在对商业方法专利申请要进行两次审查。然而，这些努力也仅仅是改善而不是实际解决问题，因为以前所做的许多事情从未公开记录下来。由于在当时商业方法被认为是不可专利的，没有人费心去记录和公布他们关于商业方法的劳动成果。因此，这个问题依然存在，尽管程度有所降低，而且针对商业方法专利的批评仍在继续。

另一个问题涉及商业方法专利范围。即使基于一个它们是有效的重要假设，但范围通常也很狭窄。在很大程度上，这是因为很多（如果不是绝大多数）商业方法专利依赖于计算机处理：步骤由计算机演示，这些步骤可以以非常低的成本重新编程，从而通过完全不同的程序实现基本相同的结果。这一弱点不仅降低了专利作为确保市场垄断地位工具的价值，而且还限制了专利作为通过许可他人使用获得许可费工具的价值。围绕专利设计商业方法的成本，设定了被许可人愿意支付的许可费金额的上限。

具有讽刺意味的是，如果专利的确能确保其所有者完全主导某项特定技术，另一个问题也可能会出现。电子商务的性质，使得市场参与者的盈利能力有时取决于其他公司的努力，这些公司开发并向消费者提供基础技术的额外应用程序和变体。如果专利权人对技术实施过度控制，这些其他公司可能会转而采用替代技术，让专利权人主宰一个贫瘠而垂死的市场。例如，有人认为，索尼对 Beta 视频录像技术实施了过度控制，导致其竞争对手转向备用 VHS。最后，更广泛可获得的 VHS 成为普遍接受的标准，而 Beta 则变得默默无闻。同样，一个新开发的计算机系统不大可能受到广泛的采购，除非有大量的兼容软件可用。企业在制定许可战略时，必须考虑到这些因素。

如果商业方法专利如此昂贵，而且存在如此严重缺陷，那么它们为什么如此受欢迎呢？答案仍然很大程度上取决于电子商务的性质，它常常由许多刚起步的公司所占据（这是否是对没有收入的企业的恰当描述?），这些企业除了一个想法或构思之外别无资产。

如果这些企业（业余爱好者、社交俱乐部）要筹集资本，那只能基于它们的知识产权。它们必须有一项专利或未决专利申请，以展示给风险资本家或潜在的股东。事实上，鉴于这些技术的较短的生命周期和其在专利局悬而未决的漫长时限（目前商业方法专利的审查期限已经超过 3 年），专利申请可能具有与已被授权专利一样的价值和效益。

最后，对于所有缺陷，商业方法专利确实赋予申请人以先发优势。即使它可以被规避或最终被证明是无效的，它也可以为专利权人提供一个在市场上立足的机会。

商标和域名

简单而言，域名就是互联网的电话号码。它们允许我们发送和接收消息（电子邮件），并访问所需的 web 站点（信息、产品和服务、广告、游戏等）。像电话号码一样，域名必须是唯一的。然而，与电话号码不同的是，域名不是由当地电话公司随机分配的标准位数（10 位，包括区号），而是公司或其他用户选择一个名称并向互联网名称与数字地址分配机构（ICANN）申请注册。除非相同名称已经被注册，否则申请将被授权。

在几乎完全自由地选择域名的情况下，大多数个人和企业选择一个易于记忆且易于识别出其所有者的名称。特别是，企业通常会选择那些构成或包含其知名商标或服务标志的名称。然而，有时候企业会懊恼地注意到，它的商标（或者一个容易与其商标混淆的相似商标）已经由他人注册作为域名使用。偶尔（实际上，很少）这只是巧合。更常见的情况是，当注册者提出出售注册域名时（通常价格为 1 万至 5 万美元），就相当于敲诈勒索的前奏。

被称为域名抢注的这种活动被《反域名抢注消费者保护法案》（ACPA）所禁止，当这类活动存在恶意时，域名的注册、转让或使用被禁止：与他人商标相同或混淆性相似的域名，或者那些淡化著名商标的域名。那些认为自己是域名抢注受害者的人可以诉诸美国联邦法院，他们可能会主张获得域名所有者的利润、实际损失和成本。但此法案也包含了有趣的反欺诈条款。如果商标所有者故意谎称域名侵权或淡化其商标，则商标所有者可能须对域名所有者遭受的损失承担责任。为便利争议的解决，ICANN 设立了仲裁程序，商标所有人可以对他人注册域名提出异议；当异议成功，有争议的域名注册将被取消或转让给商标所有人。

版权和互联网

在我们的法律体系中，法律不仅包括成文法，还包括将成文法应用于所审理案件事实的各个法院的判决。后续的法院判决，解释界定法规或以前的法院判决，相应地也成为法律体系的一部分。法院判决不断地使法律适应日新月异的社会需要。这种尝试在版权法（《美国法典》第 17 章）应对互联网引发的崭新的、激动人心的（律师有收取大量费用的机会）、具有挑战性（律师真正收取大量费用的机会）的问题时尤为明显。

版权和网页

正如读者所料，网页与任何原创作品一样，都受版权法保护。每次从网站下载页面时，用户计算机都会生成该页面的副本，因此在实施此行为时应当得到版权人许可。获得许可这一问题因单个网页可能包括不同作者的文章（作品）而变得更加复杂，使用者常常需要从数个版权人那里获得复制授权。可以说，当材料被放在网页上时，网站管理者就希望它被下载下来，即使这一点没有被明确表达。这种意图可能被证明是下载的默示许可。尽管如此，谁愿意依靠"可能"呢？当我们对网站管理员是否有权授予许可并不清楚时尤其如此。

尽管大多网站所有者会抱怨复制，但其他人可能会抱怨链接，因为这会加重服务器的负担。那么在一个网站提供到另一网点的链接是否构成版权侵权？虽然在这个问题上法律未明确规定，但它似乎正朝着"是"的方向发展。尽管大多数链接不太可能引起版权人的愤怒，但注意几个警告是有必要的。

　　直接链接本应在他处正常显示的内容容易引起异议。目前，在这一问题上鲜有先例，因为卷入此类争议的为数不多的当事人自己私下解决了争议。不过，如果一个链接页面使用自己广告包围他人网站内容、删除他人网站广告，或者让人觉得链接网站是被链接材料的来源，那可能会有麻烦。另外还有被链接材料侵犯他人版权的情况。最常见的情况是，版权人只会对直接侵权页面的责任方采取措施（威胁、起诉或攻击），链接到侵权页面的其他主体将不受影响（甚至可能不知道侵权）。然而，如果直接侵权人不在当地法院的有效管辖范围内，特别是如果网站所有者积极鼓励使用侵权性页面，则权利人很可能会对提供链接的网站所有者提起诉讼。

版权和视频流

　　长期以来，正是因为有版权保护，一些投资人才会为制作电影、电视节目以及其他任何涉及视频节目的内容而花费数十亿美元。现在，任何人都可以将任何信息转换成数字视频文件，这意味着任何人都可以创建一个完美副本，将其上传到互联网并成为一个全球性的盗版者。一些人声称，这种环境可能会毁掉使所有这些内容成为可能的商业模式，而它也已经证明是令人苦恼的。

　　音乐版税可以分为两种主要类型：活表演和机械表演。活表演版税会进入版权池（如当在酒吧或饭馆等公共场合演唱一首歌时），但机械许可费依实际产品销售量交给艺术家和唱片公司。

　　在互联网时代有线电视运营商和程序设计者将如何分配许可费和广告收入？这是一个复杂的问题，更不用说弄清版权问题了。

　　这些核心问题伴随着任何类型的内容数字传播。就目前而言，它是个人电脑与电视的对抗。但在未来，随着交互式电视平台的激增，版税的收取将变得更加复杂。

版权和互联网音乐

　　用户在购买和交换音乐的过程中不断探索互联网媒介的局限性，因此互联网飞速发展的技术引发了大量的法律纠纷。此领域最新上演的"战争"与MP3有关。

　　MP3 代表移动图像专家组 1（MPEG1）和音频层 3，是一种旨在压缩数字音乐庞大文件的技术，以便于带宽和磁盘空间不足的音乐爱好者轻松下载和存储。与 RealAudio 等前驱技术不同，MP3 压缩技术允许用户快速下载近乎 CD

质量的数字化录音，并使用最小的磁盘空间存储它们。对于版权人来说，这项技术呈现出一种威胁，即用户仅仅使用硬盘驱动器的一小部分，就能够收集大量盗版歌曲并无限期地存储它们。这些文件也可以轻松地附加到电子邮件并发送给任意数量的朋友或上传到其他网站。

截至目前，对唱片业的真正威胁是，每一份拷贝都与原稿完全相同。无论副本是第几次生成，保真度都没有损失。正是出于这个原因，唱片业在20世纪80年代末强烈反对DAT技术，并成功通过了1992年的《家庭录音法案》。过去，音乐盗版造成的最严重损害就是转录录音带并为朋友制作拷贝，唱片工业不用担心版权音乐的连续复制。复制的边际成本受到盒式磁带价格的限制，这些磁带并不昂贵，但足以限制真正大规模复制。除非特别用心，每一份拷贝的质量都不如上一份。第二、第三或第四次生成的沙哑的家庭复制录音几乎没有市场。

随着MP3和相关技术的出现，这一切都发生了变化。诚然，制作和收听MP3需要一台电脑和一个软件，但该软件可以从互联网上免费下载，并附带简单的使用说明。此外，廉价的便携式MP3播放器随处可购，它可以在任何地方播放音乐，省去了为听音乐而坐在电脑前的麻烦。

主要归因于传播和使用的便利，盗版MP3的地下运动呈指数增长。截至2009年1月，一份音乐行业报告称，95%的音乐下载都是在没有版权人许可的情况下获得的。作为回应，该行业对MP3全面开战，不断监控互联网上的盗版迹象，并向侵权网站的运营商发出了停止侵权的通知函。

这场战争在很大程度上被描述为一场行业与艺术家及歌迷之间的战争。艺术家们声称，艺术家利润分成特别少的CD销售体系已经过时，现在互联网提供了一种发行媒介，允许他们省略掉中间人而直接向歌迷发行自己的歌曲。歌迷们坚持认为，花17.99美元买一张CD，制作成本只是其中的一小部分，这是一种敲诈，他们认为艺术家们得到的版税很低是令其愤怒的另一个原因。在某种逻辑上，就像商店扒手只从大企业偷东西的理由一样，他们似乎在说，盗版音乐是可以的，因为卖家从中赚了太多的钱。

在现实世界中

免费音乐的成本

在小学和主日学校，我们被反复教导，分享我们所拥有的东西是一件好事，甚至是一种宗教义务。对杰米·托马斯－拉塞特（Jammie Thomas－Rasset）来说，遗憾的是，明尼苏达州的联邦法院持不同的观点（Capitol Records Inc. et al. v. Thomas－Rasset）。

陪审团认定被告非法下载了 24 首歌曲，并判决其应当承担 22.2 万美元的损害赔偿金。在上诉中，托马斯－拉塞特获得了新的判决。陪审团再次判她有罪，判决每首歌支付 8 万美元的损害赔偿金（或赔偿 192 万美元总额）。随后，首席法官称此判决骇人听闻，并下令将其降至 5.4 万美元。原告拒绝接受这一数额，此案正安排第三次审判。

前面简介作为最近案例的背景介绍——是的，伙计们，最新案例就是起诉特南鲍姆（Joel Tenenbaum）的一件臭名昭著的相似侵权纠纷案：索尼 BMG 音乐公司诉特南鲍姆案（Sony BMG Music v. Tenenbaum）和 Capitol 唱片公司诉阿劳詹案（Capitol Records Inc. v. Alaujan）（特南鲍姆与阿劳詹作为共同被告）。

在 Capitol 唱片公司案件中，陪审团认定特南鲍姆非法下载 30 首歌曲，并判决 67.5 万美元的损害赔偿金（每首歌为 22.5 万美元）。在庭审后的动议中，他的律师、哈佛大学法学院的一位教授辩称，合理的损害赔偿金只有大约 21 美元，陪审团作出的裁决数额如此之大，以至违反了宪法。（法学教授总是主张合宪性。）作为回应，法官指出，有一个法律问题是，教授是否适当地行使了对陪审团指示提出质疑的权利。目前，提出宪法挑战导致政府介入此法律诉讼，为版权法案的合宪性辩护。

我们需要吸取的教训是什么呢？为避免难以言喻的悲伤和开支，从 iTunes 下载音乐时以每首歌 99 美分支付费用。

总　结

网络空间中的知识产权与传统企业中的知识产权非常相似。许多与商业方法专利相关的问题源于以下事实：该领域的现有技术从未被记录下来，并且在商业方法专利申请的审查过程中不能被专利审查员所获取。虽然这个问题已经有所改善，但许多最早授权的商业方法专利的有效性仍然是值得怀疑的。

域名是互联网的"电话号码"。大多数个人和企业都选择容易识别出其所有者的名称。一些不道德的个人试图通过获得与知名个人或企业相关联的域名来勒索，这种做法称为抢注。为了防止这种情况，相应法规已经颁布。版权法不断发展，以应对互联网带来的新问题。这一趋势导致此领域法律相当不稳定。

第十章
专利组合及其对股价的影响

阅读本章后，您将能够：

❖ 识别出那些可能经历最大价值增长的行业内的公司

❖ 在分析专利组合及其对股票价格的潜在影响时，识别三个品质因数

人们普遍认为（或希望），商业公司的研发支出会增加利润，并最终导致公司价值的增加和股票价格的上涨，实证研究倾向于支持这种观点。但是，显而易见的是，所有这些支出都不会产生同样的结果。一些研发项目在技术上取得了成功，而另一些则不然。一些项目的重点是降低利息或价值，只对成熟技术进行渐进式改进，而其他项目则是在有前景的新领域进行的开拓性活动。而有些成功的研发工作反而开发出了失败的市场产品。

因此，我们的任务是确定公司的知识资产价值，而不是其成本，以提供未来的股票增值指标。如果这是可以做到的，人们就可以尝试基于公开的信息（证券交易委员会正在严厉打击内幕交易），来预测未来的股票表现，并挑选出绩优股。（问题：一个人怎么能靠一笔小钱离开华尔街呢？答：以一大笔财富进入华尔街。）令人惊讶的是，必要的信息就在手边，尽管它需要对专利有所熟悉并且需要大量的编辑和处理。

对一个企业的专利组合进行考察就可以较好地了解其知识资产的情况。现在，读者应该知道，这些信息可以通过专利局公开的档案或在线进行收集。因此，就可以将问题简化为对专利组合的分析以确定哪些公司将经历股价最大涨幅。实质上，我们需要找出一些预测性的专利组合特征或特性，即所谓的品质因数。幸运的是，纽约大学斯特恩商学院教授巴鲁克·列弗（Baruch Lev）和其他一些人对几个这样的优点做了研究，并进行了实证检验。这些专利组合特征包括专利数量、引文影响和科学引证。

专利数量

正如读者所清楚地知道的那样，所有的专利都不一样，有些比其他的更有价值。尽管如此，随着专利组合规模的增加（大数法则再次抬头），个体差异往往显得没那么重要。因此，公司专利组合中的专利数量可以作为公司研发活动强度和成功率的指标。我们已经发现，在一个行业内，与同行业其他公司相比，一个公司的专利组合的相对规模，和该公司未来股票价格与账面价值的比率（SP/BV 比率）相关联。在一个行业内，拥有最多专利的公司往往拥有最高的 SP/BV 比率。IBM 拥有超过 3 万项专利，是世界上最大的单一专利持有者。

引文影响

在承认一些专利就其对未来盈利能力的潜在影响而言比其他专利更有价值之后，我们如何识别这些更有价值的专利呢？对这个问题的简短回答是，其他人已经为我们进行了识别。

在每一项美国专利的封面上都有一份在专利申请过程中引证的现有技术的清单。这些参考文献被分类为美国专利、外国专利和非专利出版物。通过考查这些引证文献（现在可以通过计算机进行），就有可能确定一项感兴趣的专利是否（或多长时间）能够被引证为与后续专利相关的现有技术。这种引文的存在表明引证专利在某种程度上属于被引证专利技术的改进或者提炼。

存在被引证为现有技术的多个专利这一情况表明：（1）被引证的专利属于基础发明，并且（2）这项基础发明是该行业其他竞争者感兴趣的领域。实际上，被引证的专利可能主导了部分或全部引证专利。还记得那个红色消防车的例子吧。在后来授权的专利中，专利被作为现有技术参考文献来引证的频率越高，被引专利是基础专利的可能性就越大，因此也是有价值的专利。因此，当一家公司的专利组合中的专利在后来授权的专利中被引证的频率大于同一行业中其他公司的专利组合中的专利时，我们可能将其作为一种有价值的信号或预测相对未来盈利能力的标志。换句话说，那些专利被引证最多的公司很可能是未来最赚钱的公司。

科学引证

在引文影响中，我们关注的是前向引文，即将感兴趣的专利作为后发专利的现有技术参考文献来引证。科学引证是一种使用反向引证的工具，它是对感兴趣的专利中所引证的现有技术参考文献的考查。

人们普遍认为，基础研究的回报要高于产品开发（最高可达产品开发的3倍）。那么，如何确定专利是属于基础研究发明还是属于（可能不太有价值）产品开发发明呢？一个不完美但可行的解决方案是统计作为现有技术参考文献的科学论文的数量。基本的理论是，这样的引证数量越多，专利发明就越接近基础科学（不管它是什么）。因此，如果一家公司的专利组合中的专利平均比同一行业中其他公司的专利组合中的专利有更多的非专利科学论文引证，那么这家公司在未来可能会展现出高于行业平均水平的盈利能力。

当然，使用上述的品质因子也有很大的局限性。它们只适用于具有统计显著性专利组合的公司，大概至少有40项专利。而且，它们只适用于比较同一行业内的公司。不同行业的公司间进行此种比较的意义不大。尽管如此，它们确实构成了一种根据预测的相对盈利能力对行业内的公司进行排名的方法。

总　结

公司的研发活动，如果成功的话，会导致公司价值和股票价格上升。然而，并不是所有的研究工作都是成功的，或者对公司未来的收入有同等的影响。与同行业的其他公司相比，实证数据支持将这三个指标作为公司未来盈利能力的有效预测指标。

专利数量是公司专利组合与该行业的其他公司相比的相对规模，已经被发现与该公司未来的盈利能力有关联。

引文影响是衡量一家公司的专利在其他公司后来授权的专利中被引证的频率的一个指标，它反映了这家公司技术的基础性程度。它的专利被引证得越多，它的技术就可能越基础、越有价值。

科学引证是科学论文被引证为公司自身专利的现有技术的频率。公司的科学引证越高，其技术越接近基础研究，而不是产品开发。与基础研究相关的专利通常比产品开发的专利更有价值。

第十一章
法院如何改变专利法

阅读本章后，您将能够：

❖ 了解个别诉讼中具有里程碑意义的司法裁决如何改变专利法，由于它是在实践中实施的，因此比修改专利成文法更为常见

❖ 了解 Bilski 案件的基本情况以及它是如何引发可专利性问题的

❖ 了解 eBay 案如何使一个非实施性实体更难获得对侵权者的永久禁令

❖ 了解其他改变专利法关于涉及故意侵权、虚假专利标识、宣告性判决行为的重大案件及其背景，以及其他方面的知识产权法问题

"事物变化越大，它们就越保持不变。"

至少在专利法方面，法国人错了，尽管你能从那些认为杰瑞·刘易斯（Jerry Lewis）是喜剧天才的人那里期待什么，但当专利法发生变化时，它确实会发生变化。

在美国，法律由成文法和定义并简化（法律委婉语是"混淆"和"变更"）成文法的法院判决组成。成文法数量相对较少，也很少修改（今后会变多）。然而，法院判决在不断变化。最近的判决中最重要的有以下几个：

- Bilski 案，涉及商业方法专利。
- KSR 案，涉及发明专利的显而易见性。
- Muniauction 案，涉及方法权利要求。
- Sandisk 和 MedImmune 案，涉及宣告性判决行为。
- Seagate 案，涉及故意侵权。
- eBay 案，涉及永久禁令。
- Egyptian Goddess 案，涉及外观设计专利侵权。
- Aristocrat 案，涉及发明内容是否充分公开。
- Forest Group 案，涉及虚假标识。

（请牢记，案件的名称甚至诉讼的一方当事人，都会成为整个错综复杂的法律问题的关键字。因此，当专利律师习惯于在仅仅提到 Bilski 这个词的时候就开始了争论商业方法专利的价值。）

在本章中，我们将研究这些里程碑式的案例及其对专利法的意义。首先，让我们来研究一下让律师们紧张忙碌 9 个月的案件：Bilski 诉 Kappos 案。

Bilski 案："怀胎九月但没有出生"

Bilski 的裁决对专利律师而言，就像夜间电视节目对于政治家一样，是一种取之不尽用之不竭的素材。严格地说，这种情况涉及可授予专利的主题的范围（即哪种类型的发明可以获得专利）。实际上，其最大的影响是所谓的商业方法专利。

长久以来（实际上直到 1998 年），"商业方法"在法律上被视为不具备专利保护的资格。随后，美国联邦巡回上诉法院在道富银行案中作出裁决，商业方法可申请专利。

道富银行案的裁决导致所有几乎没有任何技术内容的方法都可以申请专利。尽管受到发明人的极大欢迎，但这些问题引起了众多企业界（主要是那些被指控侵权的企业）人士的愤怒。因此，对可申请专利的标准问题重新进行司法评估的阶段开始了。

这种重新评估是由美国联邦巡回上诉法院在影响深远的（律师们称之为"真正的、非常重要的"）Bilski 案的裁决中作出的。在该裁决中，他们认为一项发明要构成可授予专利的主题必须：（1）将具体物体（article）转换成不同的状态或物质，或（2）结合于特定的机器或设备上。遗憾的是，几个关键术语，如"转换""物体"和"特定的机器或设备"都没有得到定义。随后，地区法院作出裁决纠正了这一缺漏。

在 Cybersource 诉 Retail Decisions 一案审理的是一件经过复审的在互联网上进行的信用卡交易中的欺诈检测系统和方法专利（在 Bilski 案之前）。这家位于加利福尼亚北区的法院认定，"一种代表电子信号的有形物体或物质"在适当的情况下可能构成物品，但是"操纵"这种信号并不构成必要的"转换"。法院接着认为，"互联网"不是"特定的机器或设备"。所以它不具有可专利性。

Versata Software 诉 Sun Microsystems 案涉及 2 项软件专利，这两项专利允许消费者在网上订购产品时从多种配置选项中进行选择。该软件允许消费者只选择那些可以产生可用产品的组合选项。被告争辩说，这种发明并不能满足

Bilski 标准的"转换",而且在计算机上执行过程的限制不足以将其结合于"特定的机器"上。这家位于得克萨斯州东区的法院认为,Bilski 案明确指出,它不应当广义地适用于软件。这些涉案专利存活到了再次被诉之日。

然而,另一个地方法院裁定,鉴于 Bilski 案的观点,一项"系统权利要求"不是可申请专利的客体,裁决指出:"这只是因为涉及的方法需要机器或电脑来工作并不意味着方法或系统就是利用机器完成的。"法院进一步认定:"该权利要求是'一种使用机器进行数据输入和输出并执行所需计算的数学算法'。但是,这些机器不会对方法本身施加任何限制。机器在方法中的参与是无关紧要的技术方案之外的活动。"(Every Penny Counts 诉 Bank of America 案)

还有走得更远的。亚利桑那州的一个地方法院将美国联邦巡回上诉法院的 Bilski 案的判决适用到一种仪器上(Research Corporation Technologies 诉 Microsoft 案)。

其中一项专利申请是针对一种设备,该设备有一个对比器,用于"将多个色彩平面与一个……面具进行对比"。该专利附图中包含一个标明对比器是一种对比两个输入信号电子装置的数字。

法院显然没有被"设备"一词的存在所干扰,它将这一权利要求解释为一个方法权利要求。法院继续认为,对比器不是一台机器,而是"执行算法的一系列操作",它是"一种比较数字的装置",而"装置并非机器的同义词"。

在所有这些发生的同时,Bilski 向最高法院提出了上诉,法院受理了此案。2010 年 6 月 28 日,最高法院宣布了期待已久的判决。在长时间审议后,它基本上什么都没有决定。它认为,我们专利专业人员熟知的上述"机器或转换"标准是一种"有用和重要的线索,一种用于确定某些权利要求发明是否为(可专利)方法的调查工具",但它"并不是决定一项发明是否可授予方法专利的唯一标准"。

那么,什么是合适的标准测试呢?它并没有提及。法院拒绝采纳"可能产生广泛而不可预见的影响的绝对规则"。它只是在说"自然法则、物理现象和抽象观念"是不可专利的,而这已是众所周知的事情。

显然,这个问题留给了美国联邦巡回上诉法院,它已经告诉我们它的想法。与此同时,美国专利商标局已经颁布了方法专利审查的临时指导原则:"如果申请的方法不符合机器或转换标准的要求,审查员应驳回该申请,除非有该方法不指向抽象概念的明确指示。如果申请被驳回,申请人将有机会解释为什么申请的方法不是抽象概念。"

KSR：常识的作用有多大？

读者应该记得本书第一章的内容：为了获得专利资格，发明必须是非显而易见的，也就是说，发明不能仅仅是现有技术要素的结合，从而对"本领域技术人员"（对我们知识产权专业人士来说称为 POSA）来说是显而易见的。当然，关键问题是什么样的结合才是显而易见的。

迄今为止，美国联邦巡回上诉法院采用了"教导、建议或动机"（TSM）标准。根据该标准，只有当现有技术本身、问题的性质和本领域技术人员的知识包含某种结合现有技术教导的动机或建议时，专利权利要求才被证明是显而易见的。在实际应用中，这个标准相当严格，其效果是限制了大量被允许的结合（KSR 诉 Teleflex 案）。

KSR 为汽车公司生产了一些可调油门踏板组件。当 Teleflex 提起专利侵权诉讼时，KSR 提出一项即决判决动议，认为专利技术显而易见，因此无效。地区法院批准了这项动议，认定专利无效。

Teleflex 向美国联邦巡回上诉法院提出上诉。美国联邦巡回上诉法院改判且认为地方法院没有"足够严格地"适用教导、建议或动机标准。要证明显而易见性，只有解决专利权人试图解决的实际问题的现有技术参考文献能够结合起来才行。该法院认定专利有效。

KSR 向最高法院提起上诉，该法院再次改判且认为美国联邦巡回上诉法院适用教导、建议或动机标准时"太过严格"。"正确的分析是，本领域已知的且专利所要解决的任何需要或问题都可以为结合（参考文献）提供理由。显而易见性分析不能局限于形式主义的教导、建议和动机等概念，或者过分强调已发表文章的重要性和已授权专利的明确内容"。专利再次被无效。

如果读者发现这个新标准模糊不清，那么其他人也都如此。关于这个裁决已经有许多讨论。遗憾的是，这些文字的大部分内容都是哲学上的废话，只会混淆案件的裁定。然而，美国联邦巡回上诉法院最近对 Perfect Web 诉 InfoUSA 案作出的裁决可能会对此提供一些亟须的澄清。

涉案专利涉及管理批量电子邮件分发给目标消费者群体的方法。广告商希望保证至少指定数量的群组成员实际上收到了给定的消息。由于各种原因，有些信息无法传送。但是，出于成本方面的考虑，广告客户希望在尽可能少地发送消息的同时实现其发送数量的目标。

每一项权利要求都包括四个步骤。这些步骤中的前三个主要涉及将一组消息发送给目标收件人并计算已成功收到此类消息的数量。最终（律师们说

"因为他们没有选择"），专利权人承认这些步骤已经被现有技术公开。如果成功接收的消息数量少于期望的最小数量，则第四步骤涉及重复发送更多消息，直到满足所需的最小数量。

审判法庭引用 KSR 案的观点认为，"普通技术人员也是一个普通的创造者"。法院继续说"最后一步仅仅是常识适用'努力努力再努力'这一格言的逻辑结果"。

Perfect Web 认为"常识必须根植于证据和事实调查结果"（在这里请密切注意以下引用这个案例的要点）。法院反复否定这一观点，认为常识的使用不需要"特定参考文献中的暗示或建议"，只需要一个避免推断性概括的理性解释……而且本领域技术人员的常识也表明了为什么有些结合是显而易见的，而有些则不然。

法院应用上述逻辑，认为"最后一步以及整个权利要求只不过是简单地重复一个已知的程序，直到取得成功而已"。

底线是什么？既然法院被要求要合乎逻辑，那么专利发明的非显而易见性的要求就越来越难以满足。

Muniauction 案：一步一步来，一切都是为了控制

正如前文论述 Bilski 案的那一部分所提到的，工艺或方法的专利（毫不奇怪）是指做某件事的工艺或方法。这样的专利权利要求有很多步骤（按照律师的话说，是一个复数）。当某一方（即侵权人）在未经允许的情况下实施某一权利要求的所有工艺或方法时，就会发生侵权行为。然而问题是，当一方实施某些步骤而另一方实施其余步骤时，专利是否受到侵权。换句话说，当所有的权利要求步骤都是由未经许可的当事人实施的，但并非所有的步骤都是由单一方实施的，专利是否受到侵权？正如读者可能已经猜到的那样，这种情况"要看情况而定"。

可以适用的法律原则——是的，律师或者是某些律师都有这样的原则，即被告不能通过让别人代表其实施一项或多项权利要求的步骤来逃避侵权责任。因此，当多个当事人联合起来实施权利要求所保护的方法的每一步时，只有一方在整个过程中进行"控制或指导"，即每一个步骤都可归于控制方，权利要求才受到侵犯。毫不奇怪，控制方被称为"策划者"（这是一个法律术语，并非作者杜撰）。仅仅"公平的合作"（另一个法律术语）不会引起任何一方的侵权。因此，问题是控制或指导的内容。

幸运的是，读者不必在临睡前还思考这个问题。美国联邦巡回上诉法院在

Muniauction 诉 Thomson［532 F.3d 1318；2008 U.S. App. LEXIS 14858；87 U.S.P.Q.2D（BNA）1350］一案中给了我们答案："在法律传统上认为被控侵权人对另一方被要求完成权利要求所保护的方法的实施行为负有代理责任的情况下，控制或方向标准就得到了满足。"这样说是否明确？希望这是明确的，因为最高法院驳回了对该裁决的上诉请求。因此，在这个法律问题上上述观点是无可争议的。

当有真正重要的问题比如增加税收的可能性从而导致威士忌价格上涨需要考虑时，读者为什么还关心这个问题呢？Muniauction 案涉及不同的当事人实施不同的方法步骤，该案所涉及的发明类型在有关使用互联网的过程或方法上尤其常见，例如订单处理、拍卖，或为买卖双方之间或客户与金融机构之间的安全交易提供服务。对于那些有强烈好奇心的人或者真正的受虐狂，我们在这里复制了 Muniauction 专利的权利要求 1，这是一种通过在线拍卖出售债券的方法。括号内容表示所实施不同步骤的各方。

在包括一台具有输入设备和显示器的发行人的计算机和至少一台具有输入设备和显示器的投标人的计算机的电子拍卖系统中，所述投标人的计算机设置在远离所述发行者的计算机的位置，所述计算机耦合到至少一个用于在所述计算机之间传送数据信息的电子网络上，一种用于拍卖固定收入金融票据的电子拍卖方法包括：

• 【投标人】经由所述输入装置将与至少一个固定金融票据的报价有关的数据输入到所述投标人的计算机中；

• 【拍卖人的系统】至少部分地基于所述输入的数据自动计算至少一个利息成本值，所述自动计算的利息成本值指定一个代表与所述至少一个固定收入金融票据相关联的借贷成本的利率；

• 【投标人】通过从投标人的计算机经过所述至少一个电子网络传输至少某些所述输入数据来提交报价；而且

• 【拍卖人的系统】经过至少一个所述的电子网络向所述发行者的计算机传送至少一条与所述被提交的报价有关的信息，并在所述发行人的计算机显示器上显示与包括计算出的利息成本值在内的报价有关的信息；

• 【不确定】其中，输入步骤、自动计算步骤、提交步骤、通信步骤和显示步骤中的至少一个是使用网页浏览器完成的。

如果你已经发明了这样的方法，那就不要担心"代理责任"（不过这可能需要定义）了，撰写（或者更好的是，让你的专业人员替你写）一个所有的步骤都是由单独一方来完成的权利要求就行了。

最后一个需要解决的问题是，当主机服务器在海外时，涉及由计算机实现的发明的方法权利要求是否会通过国内使用而受到侵权。答案是否定的（专利权人的坏消息），参见 Renhcol 诉 Don Best Sports 案。侵犯美国专利的方法权利要求，所有步骤都必须在该国实施。

然而，相同的使用被认定构成对同一专利中的物品（article）权利要求的侵权（专利权人的好消息）。不要让一些可鄙之人通过将其服务器移到海外规避侵权。涉及由计算机实现的方法的专利应包括物品（系统）权利要求和方法权利要求。

MedImmune 诉 SanDisk 案：更有可能提起诉讼

正如昔日被冒犯的枪手为其敌人提供"离开小镇"（咆哮地说）或"中午在街上见我"的选择，这位白帽子专利拥有者也为黑帽子的卑劣侵权者提供了一种选择，在启动专利侵权诉讼之前联系这个讨厌鬼并提供许可，这得益于 MedImmune 诉 Genentech 案！

Genentech 获得了 MedImmune 的一些知识产权许可，其中包括一项正在进行中的专利申请。随后，该申请被授权。MedImmune 向 Genentech 通报说，Genentech 的新药 Synagis 被新授权的专利所覆盖，因此需要支付使用费。Genentech 声称将考虑这个被称为 Cabilly II 的专利是无效且不可实施的，因此不存在侵权。然而，Genentech 还声称将 MedImmune 的通信视为"强制实施专利、终止许可协议以及在（Genentech）不支付许可费的情况下提起专利侵权诉讼的明确威胁"。

出于对相互竞争的考虑让 Genentech 陷入了困境。一方面，如果拒绝支付许可费而且 MedImmune 提起诉讼并且获胜的话，那么 Genentech 可能会承受 3 倍的损害赔偿、律师费和阻止出售 Synagis 的禁令。此项业务占 Genentech 销售收入的 80% 以上。另一方面，Genentech 又不希望支付 Synagis 方面的许可费。它该怎么办呢？

Genentech 在抗议和保留所有权利的情况下支付了许可费，然后对 Cabilly II 专利提起了诉讼。地区法院遵循长期确立的先例，驳回了这一起诉，理由是一个享有良好声誉的专利被许可人不能证明所必需的"案件或争议"。上诉法院依靠自己的先例，维持了驳回起诉。

进入最高法院，这一判决又被推翻。最高法院认为："基本上来说，每个案件中的问题都是所指控的事实是否在任何情况下都表明在法律上有着相互利益冲突的当事人之间存在一种实质的争议，这种争议具有足够的直接性和现实性以确保可以作出宣告性的判决。"跟先例说拜拜，跟不确定性说欢迎。那么怎么解释 Genentech 继续支付许可费这个事实呢？嗯，这并不重要，因为它是"强制性"的，并且在许可协议中，Genentech 从来没有承诺过不为获得宣告性判决而起诉。

好像宣告性判决的洪水之门没有被最高法院的 MedImmune 判决充分打开，美国联邦巡回上诉法院不久之后在 SanDisk 诉 ST 一案中作出了判决。

ST 和它的竞争对手 SanDisk 为了达成一项双方技术之间的交叉许可进行了通信联络并举行了一些会议。在这些通信中，SanDisk 写道，它"理解双方都希望继续友好讨论"。ST 回应说，它"期待着与 SanDisk 为达成一项广泛的交叉许可协议而公开和坦诚地讨论一些公平合理的条款"。在双方的一次会议中，SanDisk 要求将它们的讨论视为联邦证据规则（这是针对挑剌型的联邦证据规则第 408 条）中的"和解讨论"。在会议结束时，ST 告诉 SanDisk，"ST 完全没有任何计划来起诉 SanDisk"。六个星期后，SanDisk 提起了一项宣告性判决诉讼，请求其中经过讨论的 14 项 ST 专利中的每一项都无效并且未受到任何 SanDisk 产品的侵权。

地区法院驳回了 ST 关于由于 SanDisk 在这种情况下并没有客观合理地理解诉讼，因此并不存在实际的争议，从而应当驳回起诉的动议。SanDisk 向美国联邦巡回上诉法院上诉，美国联邦巡回上诉法院在开始分析时指出，最高法院在 MedImmune 的意见代表了对我们对诉讼标准的合理理解的否定。它继续以进一步将水搅浑的方式认为"我们不需要界定宣告性判决管辖权的外部界限，这将取决于每个案件的事实和实际情况"。

所以现在的规则是没有规则。尽管如此，很明显的是，不起诉的承诺和许可的授予都不会使专利权人免受宣告性判决的影响。

在 MedImmune 诉 SanDisk 案裁决之后，必须小心地向侵权人提供许可而不授予其提起宣告性判决的地位。这很困难，但还是可以做到的。无论如何，所有的专利权人都承受着同样的压力。现在，如果你碰巧是一个"非实施实体"（NPE）（或者轻蔑地称为专利流氓），规则就会变得更糟，法院现在歧视非实施实体（惠普诉 Acceleron 案）。

事实证明 Acceleron 是一个非常重要的非实施实体。2007 年 5 月，Acceleron 收购了 021 号专利，并在四个月后致函给惠普（HP）。该函称为致惠普的 021 号专利函，它要求双方之间交换的所有信息不得用于诉讼的目的。

两周后，惠普作出回应，提出了一个双方暂停协议。Acceleron 拒绝了暂停协议和一个似乎是保密的协议。此后两周，惠普提起了一项宣告性判决诉讼。Acceleron 提出动议要求驳回这一诉讼，称惠普没有资格，因为它没有受到威胁。

　　审判法庭注意到 Acceleron 未能"明确要求保密协议"，并接受了惠普提出的暂停协议。尽管考虑到 Acceleron 的商业模式为非实施实体，但审判法院认为，任何针对惠普的诉讼威胁都属于"一种过于投机性的预期从而无法支持宣告性判决管辖权"，因为 Acceleron 信函缺乏"关于侵权的说明、对具体的权利要求的澄清、权利要求图表、先前的请求或诉讼历史，或'其他被许可人'的身份"。

　　惠普提出上诉。美国联邦巡回上诉法院首先指出，"专利权人与另一方之间的沟通，仅仅是确认其专利和另一方的产品线，没有更多内容，无法证明双方之间存在对立的法律利益，更不用说存在一个'确定且具体'的争议"。到目前为止，对非实施实体来说形势非常好。然而，上诉法院继续宣称："宣告性判决行为的目的不能仅仅被……规避'诉讼'或'侵权'等神奇字眼的通信策略所击败。"与审判法庭一样，它指出 Acceleron 未提出保密协议，也未接受暂停协议。

　　这里是变得有趣的地方。美国联邦巡回上诉法院认为"从非竞争对手的专利持有公司那里收到此类信件可能引发和一个竞争者所进行的会面——讨论式调查不同的反应，因为后者可能会将其自身的知识产权置于谈判桌上"。此外，"我们注意到 Acceleron 仅仅是一个许可实体，如果没有实施，它不会从其专利中受益。这使得 Acceleron 拒绝惠普请求相互暂停这一事实显得更加重要。"最后，"Acceleron 采取了肯定性措施，两次直接联系惠普，暗示了它主张在 021 号专利项下的权利。"请注意在前面引用的这些词"可能引发""可能会"和"暗示"。然而，美国联邦巡回上诉法院撤销了对惠普的宣告性判决诉讼的驳回，承认"我们对此案的决定无疑标志着从过去的宣告性判决案例的转变"。

　　不要再当好好先生了。先起诉，再谈判，特别是如果你是非实施实体的话。

希捷案：将故意的标准提到更高

　　当你起诉（有人）侵犯你的专利权并胜诉时，这是一件很棒的事情。如果侵权被认定为故意，那就更好了，这就为可能的 3 倍赔偿打开了大门。

　　显然，关键问题是什么构成故意？迄今为止，故意侵权的门槛基本上是疏忽。为避免很可能不熟悉法律术语的读者无法体会其中的幽默，我们要指出的是，在这种情况下，疏忽是一种没有达到一个理智的人在相同情况下被正常预期的谨慎和注意程度。似乎侵权者总是"理性的"。所幸的是，对于原告（好人）来说，疏忽并不难证明。事实上，未能获得辩护律师的开脱意见就可以被推断为疏忽。仅此而已。

疏忽标准已被明确推翻。目前，"要证明可以强化损害赔偿的故意侵权，至少需要表明一种客观的轻率行为"（着重号为后增）。"尽管被控侵权人的行为构成侵犯有效专利的客观可能性很高，为了证明故意侵权，专利权人还必须以清楚可信的证据表明侵权人的侵权行为。"被控侵权人的心理状态与这一客观调查无关，专利权人还必须证明这种风险是已知的或非常明显的，以至被控侵权人应该知道这一风险。好像这还不具有足够的破坏性，法院再次强调，没有确定的义务来获得律师的意见。

在希捷之前，增加强化赔偿的裁决相对较少，现在几乎绝迹了。

eBay 案：从没有问题到四个问题再到只有一个问题

专利侵权诉讼中的原告总是寻求永久性禁令：法院命令禁止被告在诉讼中再次侵犯专利权。直到最近，这种禁令才自动授予胜诉的原告：没有问题。

2006 年，最高法院在 eBay 诉 MercExchange 案中再次推翻了一大堆先例（该裁决虽然令人惊讶，但却非常简短），并决定授予禁令的行为应受"由衡平法院适用的传统四要素标准"管辖。在此标准中，原告必须证明：

1. 它遭受了无法弥补的损害。
2. 法律规定的补救措施不足以补偿这种损害。
3. 考虑到原告与被告之间艰难的平衡，公平补救是必要的。
4. 公共利益不会受到永久性的禁令的危害。

至此，我们从没有问题走到了四个问题。然而，自 eBay 以来，地区法院和美国联邦巡回上诉法院已经将四要素标准有效地提炼为一个要素，即原告与侵权者之间是否存在竞争。如果你不与侵权者竞争，就别想拿到永久禁令。

就像往常一样，当最高法院在专利案件中作出裁决时，知识产权界的一部分人都会大声地说，他们世界的一部分正在终结。那么这个案件带来多大的变化呢？根据一项对 eBay 案之后作出的裁决所做的调查，答案是没多大，至少如果你不是非实施实体的话。

如果你正在实施专利发明，特别是当你与侵权人竞争时，eBay 案不会对你有太大影响。如果你是非实施实体，这个消息不太好。除非你是一个受许可费资助的研究机构，或者你是被告的间接竞争者，否则你将不会得到禁令。然而，资源丰富的非实施实体现在正在开发一种新武器——国际贸易委员会（ITC）的排除令，这是国际贸易委员会禁止进口侵犯申诉人专利的外国商品的命令。

向国际贸易委员会采取提起申诉的一个要求是，申诉人必须证明与受到知识产权保护的产品相关的国内产业的存在（毫不奇怪，这被称为"国内产业要求"）。问题是，什么构成国内产业？

法律（美国法典第19篇第1337条第a款第3项）规定，如果"在专利开发过程中有实质性投资，包括许可，则认为存在与该专利所保护的物品相关的产业"。因此，国内产业要求可以完全基于申诉人在专利许可计划中投入大量（着重号为后加）资金来开发专利而得到满足，即使申诉人没有制造该产品。那么什么构成"实质性投资"呢？

一直以来，律师们都是靠含混不清来维持生计的，而国际贸易委员会也坚持认为没有明确的标准来确定在专利许可方面的实质性投资是由什么构成的。不过，它也指出，"实质性投资可能包括以下因素：获得许可的公司数量、许可收入、许可成本、参与许可过程的员工数量、法律费用以及许可活动是否活跃和正在进行"。尽管如此，国际贸易委员会已经明确指出，未能导致任何许可协议的投资和/或许可活动，可能不足以被视为实质性投资。它更直白地指出，"根据申诉人没有从所指称的许可活动中得到任何收入的许可来证明国内产业的存在，这在委员会是没有先例的。"现在这个最后的立场受到了挑战。

因此，如果你是非实施实体并且你已经将你的专利进行了许可，那么你可以在国际贸易委员会追究外国侵权者（或聘请一流的团队）。

埃及女神案：及时使设计专利倒回一步

这是一个美国联邦巡回上诉法院颠覆了我们目前的认知，回溯到我们先前认知的案例（Egyptian Goddess 诉 Swisa 案）。

迄今为止，设计专利侵权的标准分为两部分。原告应当证明：（1）根据所谓的"普通观察者"标准，被告的设备与权利要求所保护的设计有本质上的相似；（2）被控侵权的设备包含了与外观设计专利区别于现有技术本质上相同的新颖性要点。

法院又回到了"普通观察者"标准，认为"'新颖性要点'标准不应当被用于外观设计专利权利要求侵权的分析中。相反，'普通观察者'标准应该是确定外观设计专利是否被侵权的唯一标准"。当然，这大大扩大了设计专利的保护范围，这是法院最近作出的有利于专利权人的案例之一。

注意，新标准只关乎侵权。这一决定对设计可专利性问题的影响（如果有的话）尚不清楚。

Aristocrat 案：为手段辩护

许多自称发明家的人似乎无法完全理解"构思"和"发明"之间的区别。这种情况最常见于涉及计算机实施的方法的申请当中，这种申请通常是自己撰写和提出的。这种发明专利申请通常"引述"一个或多个系统组件，而不实际"公开"相应的算法。美国联邦巡回上诉法院明确认定，这种问题对可专利性是致命的 [Aristocrat 诉 Inter. Game Tech.（IGT）案]。

Aristocrat 起诉了它的竞争对手 IGT，指控它侵犯了其电子老虎机专利，该专利允许玩家选择获胜符号位置的组合。当然，这是对老式老虎机中的樱桃、柠檬符号的一次巨大的技术飞跃。本专利的所有权利要求均以手段加功能的形式书写。此类权利要求引述某种手段（此处是控制手段）以及由该手段执行的一个或多个功能，但是不列举实际执行这些功能的结构。

Aristocrat 专利所引述的控制手段执行三个功能：（1）控制显示在屏幕上的图像；（2）当在屏幕上出现预定符号组合时支付奖赏；（3）确定玩家选择的符号位置组合的"支付线"（读作"筹码"）。专利局的相关规则要求在说明书中公开相应的结构。

Aristocrat 是如何描述专利发明中的控制手段的呢？它只是公开了一个通用的、带有适当编程的可编程微处理器。

法院裁定还不够好。"在所公开的结构为由一台为执行一种算法而被编程的计算机或微处理器这种手段加功能的权利要求中，相应的结构应当是说明书中所披露的一种具体的算法，而不能仅仅是（引述）某种由计算机执行的算法"。说明书并没有充分公开执行这些功能的结构。"仅仅说明一个标准的微处理器而没有更多的结构是不够的，因为它没有提出任何具体的算法来执行所引述的功能。"为了避免忽视这一点，法院重复了好几次。然而，有些人却没有理解这一点。再次强调的是，专利局的专利上诉和调解委员会（BPAI）也已经重复了这一观点 [上一部分，罗德里格斯（Rodriguez）]。

在罗德里格斯应用程序中，使用通用方块图来描述各种系统组件，即"系统配置生成器""系统构建器"和"系统验证环境"，每个组件都要进行描述并以"配置为……"写入权利要求。专利申请的说明书中写明："适当的软件编码可以由熟练的程序员根据现有公开信息的教导很容易地编写完成。"

专利上诉和调解委员会认为，上述系统组成的权利要求采用的是"手段加功能"的形式。"我们必须确定这种（用于识别系统组件的）术语是否可被理解为描述结构的术语，而不仅仅是一个随机的术语（我们不是在编造）或者一个不被认为是结构的名称而仅仅是术语'……手段'的替代的语言构造物。"我们查阅了一般性的词典和专业词典，并没有找到任何证据表明这些术语中的任何一个已经被认可为表示结构的名词。毫不奇怪，他们发现没有一个术语能够获得这种认可。因此，申请人"未能充分描述用于实现（本申请的权利要求中所包含的）手段要件中所引述的功能的结构，以使权利要求明确。因此，该权利要求是不可授权的"。

如果你要申请一个计算机执行的系统的组件，你必须公开一个执行该功能的算法；如果一项发明值得申请专利，那么请专业的专利人员将其写好就是值得的。

Forest Group 案：假标识，真机会？

虚假标识或错误标识声明（按律师的话说有赚大钱的潜力）是一个令人兴奋的新的法律领域。

虚假标识是指关于产品被专利或专利申请覆盖的故意的欺骗性标识。这种情况可能发生在制造商在产品上标注了不包含该产品的专利编号，或者法院发现该产品无效或无法实施，或者更常见的是，该专利已经过期的情况下。目前（虽然这似乎正在改变），任何人都可以对虚假标识提起诉讼。没有对原告施加任何法定限制，任何一个贪财的人都有资格这样做。胜诉的原告可以得到一半的赔偿，另一半则归政府所有。

对于每一个此类违法行为，对虚假标识的处罚最高可达500美元。关键问题是怎么去理解"每一个此类违法行为"。例如，假设生产了1万个虚假标识的小部件，这是一次违法行为还是1万次违法行为？如果是前者，潜在的赔偿不会超过500美元，其中一半归政府所有；然而，如果后者的潜在赔偿是500万美元，这是一个更诱人的数额。

一个世纪以前，第一巡回上诉法院（这是在美国联邦巡回上诉法院成立之前）认为，虚假标识法应解释为对连续虚假标识处以罚款。多年来，一些地区法院遵循这一先例。2009年末，美国联邦巡回上诉法院裁定每个有虚假标识的产品都是有问题的（Forest Group 诉 Bon Tool 案）。其结果是，截至2010年5月中旬，提起的虚假标识案件超过了180件。显然，有人在这里看到了一个机会。

知识产权精要：法律、经济与战略（第2版）

新的流氓

据称专利流氓购买专利的唯一目的是强制执行这些专利。那么，现在有一种新的流氓，即标识流氓，他甚至不必购买专利！标识流氓起诉其他公司错误地标识他们的产品，即标识了实际上并未涵盖该产品的专利号，或者更常见的是过期专利号。如前所述，原告在这种行为中可能会获得每个错误标识项目高达500美元的赔偿，只不过必须将其中的一半分给美国联邦政府。此类诉讼的潜在利润是显而易见的，并且提交案件的数量每天都在增加。事实上，一些相关人如专利合规集团公司（Patent Compliance）和霍兰德（Bentley A. Hollander）已经提起了多起诉讼。

专利合规集团公司名字听起来像是某种公共服务监督者，在一天内提出3起不同的诉讼。该公司似乎已经开发出了一种标准化的诉状模式，以方便提起诉讼，其中声称被告知道或理应知道他们的错误标识违反了联邦专利商标法，并且意图欺骗公众。

据最新统计，霍兰德已经提起了8起诉讼，他同样也对其诉讼进行了标准化处理。然而，在一个案例中，他又添加了一个有趣的转折（霍兰德诉布朗医药公司案）。他声称，在专利到期后，布朗医药公司已采取措施从某些产品上撤回其商标，提供了明确的证据，证明布朗医药公司知道有关产品标识的法律和要求，以及产品制造商有义务不对产品做出此类标识。的确，他指出布朗医药公司努力遵守法律是其邪恶意图的证据。如果不是从逻辑上讲，你也得承认霍兰德的厚颜无耻。

真是大言不惭

每一次过分都会激起反弹，最近的虚假标识诉讼也不例外。法院现在要求证据证明被告意图欺骗公众。它们（诚然，只是其判决附带意见，即那些不必要的说明）还引起一个问题，即原告是否必须证明自己是否受到了被控错误标识的损害，以此作为起诉的必要条件。当然，这实际上要求原告和被告是竞争对手。事实上，拟议的专利改革包括一项将使其成为法定要求的条款。显然改革已经开始，但并非每个人都了解希思科特诉美宝莲一案（即 Holdings 诉 Maybelline 案）。

希思科特起诉美宝莲和欧莱雅，声称被告标注了多种眼线产品，并且有多项已过期的专利。根据我们所知，希思科特不会在眼线笔市场上竞争，除了诉

— 128 —

讼之外别无其他目的。

为了证明意图的存在，希思科特称："被告都是经验丰富的公司，拥有数十年的专利申请、使用和诉讼经验的老练的公司，因此它们知道专利没有无限的范围，而是有一个限制在权利要求所圈定的范围之内。"

至于资格（诚然，这还没有被认为是对起诉的要求），希思科特称，"产品上的每个错误标识都可能或至少有可能阻止个人或阻止公司将与其竞争的产品商业化"。显然，希思科特希望包括陪审团在内的法院人员能够相信，这并不是一种廉价的勒索行为，而是一种努力维护进入眼线笔市场自由的公德心。

热心公益的希思科特并不满足于根据（据称是）错误标识的产品数量对损害进行赔偿，而是寻求扩大错误标识法规的范围，要求将每个包装上的过期专利（共有 5 项专利）视为单独的违法行为。考虑到当前的司法和政治氛围，如果不提它的聪明才智的话，那你不得不佩服它的勇气。

总　结

成文专利法的修改虽然很少，但实际上来讲，专利法由于法院在重大专利侵权案件中的判决而经常发生变化。本章讨论了几项关键的法院裁决及其对专利法的影响。例如，著名的 Bilski 案涉及商业方法是否应该具有可专利性，但是也对软件专利有更广泛的影响。该案进入美国最高法院，最高法院经过 9 个月的审议后维持了现状，并将"什么是可专利的"这一问题留给了明天。

其他改变专利法的诉讼案例包括 eBay 案，该案引发了一个问题：非实施实体是否有权在专利审判胜诉后获得永久性禁令；希捷案，使得在专利诉讼中获得故意侵权的认定（以及因此获得伴随该认定的 3 倍损害赔偿）更加困难；而 KSR 案则提出了如何确定专利是否显而易见（这将使其无效）的问题；埃及女神案涉及外观设计专利的侵权，扩大了外观设计专利所提供的保护范围；Forest Group 案则基于一种新的和获利颇丰的虚假标识的损害赔偿措施，开创了一个全新的法律企业领域。

尽管本章所阐述的案例和法院判决在专利法实施过程中产生了一种重大变化，但如果国会最终设法通过《专利改革法案》，则还会产生进一步的变化。本书第十二章将重点叙述这项从本文撰写之日起已经进行了数年的新立法。

第十二章
专利改革

阅读本章后，您将能够：

❖ 了解拟议的《专利改革法案》的若干问题及其对发明人和企业的潜在影响

❖ 了解法院如何在最近的诉讼中通过先例判决，有效地实行了一些拟议中的改革

❖ 了解为什么故意侵权的认定变得难以获取

❖ 了解虚假标识诉讼激增的原因，以及法院如何通过坚持要证明被告在产品上误标过期专利号的行为必须是故意的来限制此类诉讼

❖ 了解先申请专利制和先发明专利制有何区别，以及该问题对个人发明人和小型企业的重要性

❖ 了解什么是专利内部复审和专利外部复审，它们目前是如何适用的以及授权后审查（一项拟议的改革）如何可能对侵权人有利

在前面的章节中，我们讨论了几个以往的专利侵权案件。现在我们将注意力转向《专利改革法案》（2007 年、2009 年、2010 年……国会在这个问题上已经忙了很长一段时间了），以及它对专利法所做的修改。但正如你所看到的，在许多情况下法院本身已经通过它们的裁决有效地推动了一些改革的实施。

关于专利改革的提案有很多：如 2007 年、2008 年和 2009 年的《专利改革法案》（从未通过）、2010 年的《专利改革法案》（截至本文撰写时仍在讨论中）和 2011 年的《专利改革法案》（如果 2010 年的法案未通过，该法案几乎肯定会通过）。写专利改革的问题在于它是一个移动的靶子。无论目前拟议立法中有哪些具体的改革议题以及哪些议题已被删除，过去所讨论过的任何修改都可能在《专利改革法案》的下一次迭代中再次出现，并且可能会增加从

未拿到桌面上的新的改革措施。例如，最近出现的虚假标识案件数量激增，这些案件很容易被立案，而且可能会对企业造成破坏性影响。因此，尽管这些问题不在现行的《专利改革法案》中，仍可能需要对有关专利标识的法律进行一些适当修改。因此，本章讨论了各种建议，其中一些建议可能会被采纳也可能不予采纳，其中一些建议法院已经进行了讨论。

大多数权威人士认为，任何实际实施的改革可能包含以下几个方面：

- 先申请制。
- 故意侵权。
- 授权后审查。
- 诉讼地。

有些人担心专利改革是否真的会实施，即便真的颁布实施，产生的影响也可能很小。原因很简单，国会还在辩论，法院已经行动。法院已经实施了一些拟议中的改革。国会又一次输在了起跑线上。

诉讼地

目前，原告可以选择诉讼地（法院）提起诉讼，限制很少。拟议的专利改革立法要求提起专利侵权诉讼的地方必须是被告拥有办公处所的地方，或者其成立地，或者实施了"实质性侵权行为"的地方，或者"拥有其控制的经常性的和已经设立的有形设施"的地方。"专利法的这一变化将使得地区法院将案件重新分配到一个与侵权权利要求有更多联系的法院。"

为什么这种改变是必要的？虽然在自己的地盘上提起诉讼似乎是合理的，但从历史上看，一些法院对专利权人提起侵权诉讼的态度要比其他法院友好得多。得克萨斯州东区法院（EDTX）就是这样的一个诉讼地，这是一个众所周知的对专利权人友好的地方，而不管专利权人自行实施专利（用它来制造产品）还是只是一个非实施实体。

得克萨斯州东区法院一直是专利侵权案件中原告的选择法院，以至于在提议的专利改革中激起了选择法院条款的呼声。当地陪审团一向认可原告案件的实体请求，并经常判以慷慨的损害赔偿。此外，东区就像拉斯维加斯（尽管没有韦恩·牛顿和免费饮料）：只要在东区法院起诉的案件都会保留在东区。而且，对于被告来说，这些花哨的简易判决或作为法律依据的判决（JMOL）中没有一项是提交给陪审团进行审判的。好在那些日子可能已经过去了。

美国联邦巡回上诉法院最新裁定，一名得克萨斯州东区法院法官拒绝将专利侵权案件移交给"更方便的法院"显然是对法官自由裁断权的滥用（Lear

诉 Tech 案）。因此，现在看来，东部地区可能被迫遵循与该国其他地区规定相同的法院地规则，这对被告来说更容易接受。如果这还不够的话，东部地区法院已经开始判决承认被告的法律请求。最近，甚至得克萨斯州东区法院的陪审团也作出了有利于被告的裁决。

最后，似乎雪上加霜的是，从起诉到审判的时间，曾经仅仅一年多一点，现在已经延长到两年半了。东区法院不再是什么"火箭诉讼"地了。

损害赔偿

拟议的《专利改革法案》中最具争议的条款之一便是关于如何确定损害赔偿的方式。一种观点是，提议的参议院法案要求"合理的许可费"只适用于"可适当归于请求保护的发明对现有技术有具体贡献的侵权产品或方法的经济价值的部分"。

现在，在这场争论中的双方都提出很多证词之后，参议院司法委员会改变了方针，并提出了一个将法院（即法官）作为所谓的看门人的职能，即由其确定赔偿专家提供的赔偿理论和主张是否具有法律的充分性，然后再提交给陪审团。这听起来很像道伯特规则（Daubert rule），根据该规则，法庭要审查技术专家的技术理论和主张，确定其充分性，然后再提交给陪审团（你必须要爱司法委员会，它们会废物利用）。

当所有的争论都纠缠不清的时候，法院对 LLC 诉 Red Hat 等案作出了裁决。

IPI 起诉 Red Hat，声称其基于 Linux 操作系统的多个虚拟工作区和工作区切换特征侵犯了其专利。IPI 的赔偿专家援引了 EMV（整体市场价值规则见本书第八章的描述），并且在其建议的许可费基数中包括进了订阅被控侵权的操作系统的所有销售收入。

这家过去曾经空间大开、赔偿极高的得克萨斯州东区法院出于几个原因拒绝了这个提议的损害赔偿模型。首先，它认定"工作区切换特征仅代表被指控产品中包含的上千个组件之一⋯⋯当考虑到某些其他特征（如安全性、互操作性和虚拟化）的相对重要性时，可以进一步确认工作区切换特征在整个产品中的微小角色"。它进一步认为"已有证据没有经济基础"，这在某种程度上是因为没有证据表明用户会因为工作区切换特征而购买被指控侵权的系统。

法院接下来认为："记录显示，一些被指控侵权的操作系统被出售给公众，默认设置是不激活工作区切换特征。"专家（我们使用这一术语是经过深思熟虑的）"甚至不会试图去了解那些永远不会激活或使用该请求保护的特征的用户比例……（而且）从未关心过大多数用户操作系统似乎并不使用工作区切换特征这种记录性证据"。法院继续指出，"总而言之，这种令人震惊的方法论上的疏忽使得法院很难相信（所谓专家的）断言，即权利要求所保护的功能是客户需求的基础。"

在推翻了专家所建议的许可费基数后，法院转向了建议的许可费费率。作为当头一击，法院严厉批评了这位专家，因为他任意选择的许可费费率远远高于现行的涉讼专利的许可费费率。作为一个起点，专家转向2004年进行的两次专利费率调查。该案件起诉于2007年，并于2010年进行了法庭辩论。（专家们）不应该依赖这些研究，至少应该参照涉讼专利的现行许可费展开分析。

毫不奇怪，这名专家被禁止出庭作证或以其他方式就损害赔偿问题依照其当前的报告提出意见。两次痛击，他便出局。

在另一个案例中，康奈尔大学起诉惠普公司侵犯了一项涉及计算机处理器部件的专利。该处理器接下来要插入到一台服务器中。审判法官一再警告康奈尔大学，希望有"充分记录的与要求保护的发明范围密切相关的经济证据"。显然，康奈尔大学不能接受这种暗示。它基于所有包含有专利部件的惠普服务器和工作站系统的销售额来计算损害赔偿。陪审团要求根据230亿美元的销售收入判付1.84亿美元的赔偿金（即0.8%的专利许可费费率）。

在这类事项中具有最终发言权的审判法官随后依法作出判决，将赔偿金减少到微不足道的5350万美元，理由是康奈尔大学曾试图证明基于技术的经济损害赔偿超出了所要求保护的发明范围。虽然EMV规则允许在技术上的损害赔偿超出所要求保护的发明范围，但适用规则需要证明专利部件提供了一个显著的竞争优势，并且是消费者需求的主要原因。法院认为康奈尔大学没有提供这样的证据。事实上，康奈尔大学没有提供任何证据证明专利发明和消费者对服务器和工作需求之间的联系。

虚假标识

法院给予的，法院就可以拿走。最近一些案件的法官附带意见（不必要的说明）以及法官在口头辩论中提出的问题表明，虚假标识的前景可能很快就会改变。法院要求证明误标是故意的，而且一些法官显然正在考虑这类证据的标准应该是什么。目前，民事诉讼的"证据"标准仅仅是"证据的优势"；但是，也许它应该是刑事案件的"超越合理怀疑"标准的"证据"？（这将会授予那些被控虚假标识的人获得与连环杀手和儿童性骚扰者相同的权利。）

此外，法院开始关注虚假标识立法（《美国法典》第 35 篇第 292 章）的预防目的。一些法学家和许多专利权人认为，这个法令的目的是防止"阻止创新并扼杀市场竞争"的行为，以及"导致在设计上进行不必要的投资或者在分析在产品上加上标识的专利的有效性或可实施性方面的不必要的成本"。换句话说，就是要保护被控实施虚假标识行为的竞争者。采用这样的标准将严重减少潜在原告的数量。

提议的虚假标识改革将原告限制在那些因虚假标识而竞争力受到损害的人的范围内。我们支持这一立法建议，一部分原因是它将排除那些无实体请求的诉讼避免实际制造企业数量的日益减少，另一部分原因是它是少数几项不会增加国家债务的立法提案之一。

故意侵权

对小的发明人和小的专利权人并不友好的国会似乎决心将希捷案的裁定编入法典（见本书第十一章），似乎现在已很有希望。拟议的法令将明确规定，（被控侵权人）明知（被控侵权的专利）本身，并不足以支持对故意侵权的认定，而且（只是为了把棺材上的最后一颗钉子钉进棺材）任何相似的案件都不应裁决为故意。

先申请制

当两个个体彼此独立而互不了解，在同一时间创造出实质上相同的发明时，会发生什么？假设这项发明是可授予专利的，那么谁有权获得专利——是首先发明人还是首先提交专利申请者？

在美国，这项专利将授予最先发明它的人。毫不奇怪，这被称为先发明制。然而，在世界其他地方，专利将授予最先申请的人——先申请制。如果国会按照自己的意愿行事，美国将加入世界其他国家的行列，至少在这方面是这样。

在所有提议的改革中，对先申请制的修改已经赢得了最多的赞扬——而且是最响亮的。在所有的可能性中，它具有最小的实际效果。1989 年加拿大的这种变化也没有产生明显的效果。

授权后复审

侵权人可以采用的策略之一是复审。任何认为专利无效的当事方都可以请求美国专利商标局重新审查该专利。提出请求需缴纳一笔数额不小的法定费用，并且要求依照请求人自行提出的意见，现有技术呈现出"实质的可专利性问题"。专利局可以批准请求并重新审查专利，也可以驳回请求并退回费用（好像这是可能发生的）。

复审分为两种：一种为外部复审（ex parte），即申诉人不参与；另一种为内部复审（inter partes），即申诉人与专利审查员一起联手针对可怜的专利权人。

内部复审是一种相对较新的事物，它旨在为那些被指控侵权的人提供一种快速和廉价的方式来对抗无价值的权利要求。虽然内部复审的费用确实比诉讼少，但也是昂贵且费时的，因此给小专利权人造成相当大的负担。尽管这为那些资金雄厚的大侵权者带来了优势，但内部复审并不太受欢迎。因此，申请内部复审的公司寥寥无几。

为了进一步实现其摧毁小型专利权人的司马昭之心，并消除任何激励他们为自己的发明申请专利的因素，国会正在提议在侵权人的武器库中增加一项授权后审查。虽然这种授权后审查的确切性质尚不清楚，但它很可能是昂贵的和耗时的，这对小专利权人来说是一个障碍。

最佳实施例要求

对于跳过或不记得本书第一章中的"你不能说什么"的部分的读者，最佳实施例要求适用于在提交专利申请时发明人知道有多种方式（或模式）来实施要求保护的发明。在这种情况下，发明人有义务公开最佳模式（参见美国法典第35篇第112条第1款）。不这样做会导致专利无效。显然，这是侵权人手中的又一有力武器。

尽管几乎每一个侵权人都会提出"没有公开最佳实施例"，作为其辩护清单的一部分，但它通常并不太有效。然而，它确实有减缓诉讼和增加原告及法院（法官）负担的作用。

为了回应对其滥用（误用）的抱怨，现在有人提议，此类缺陷将不会导致专利的无效或不可实施。在我们看来，未受惩罚的罪行不再是罪行，但随它去吧。

总　结

在2007年、2009年以及2010年撰写本书的多年期间，国会一直致力于对美国专利制度进行全面改革。这一章讨论了目前摆在国会面前的专利法的一些问题和一些过去已经讨论过的改革以及其他未体现在当前的《专利改革法案》中但可能很快就会讨论的改革。

列入当前的《专利改革法案》的、正在作为未来《专利改革法案》的可能组成部分进行讨论的或者已列入过去若干《专利改革法案》的专利改革包括：

- 诉讼地。将审判地点限制在被告设有办公室或注册成立地，或实质性侵权行为发生地法院，将阻止专利权人（特别是非实施实体）选择一个对专利友好的法院。这实际上会给侵权人带来主场优势。

- 损害赔偿。摒弃 EMV 规则将会限制损害赔偿计算的基础，因为侵权的部件或特性有时是整体当中的极小部分，实际上损失了销售额的百分比。因此，对专利所有人来说，证明损失的销售额（并因此获得足够的损害赔偿）将变得更加困难。

- 先申请制。在美国当前的专利制度下，如果两位发明人同时做出同一发明，专利就会授予能够证明自己是第一个发明专利的人。如果这一方面的专利改革内容转化为法律，专利权将授予最早跑到专利局的发明人，这会对小型发明人和公司造成一定损害，因为他们能够花费到专利申请上的资源有限。

- 授权后审查。尽管用于授权后审查的程序尚不清楚，可能只是取代了内部复审，但授权后审查对于专利权人来说可能仍然是一个昂贵且耗时的问题，并且不利于提出专利申请。

- 故意侵权。这一提议的改革通过使专利权人在专利诉讼中难以证明侵权人的行为是故意的，从而限制损害赔偿。

- 最佳实施例。目前，"未公开最佳实施例"几乎是所有的侵权人在被控专利侵权时使用的伎俩之一，尽管它经常并不是真实的，甚至也不是有效的防御手段。这项改革从现行的专利改革立法中删除了，但仍有可能在未来的版本中重新出现。这项改革将从罪行中删除惩罚：不公开最佳实施例将不再导致专利被认定无效。

- 虚假标识。一个实际上可以使用一些改革，但在撰写本书时还没有正式列入《专利改革法案》的讨论领域，那就是专利标识。具体地说，就是起诉专利权人虚假专利标识所必需的诉讼主体资格问题。《禁止虚假标识法》旨在防止扼杀竞争的行为，比如在产品未获得专利（或专利已过期）时将其标识为专利。但是，但随着近期机会主义者提起的公私共分罚款的专利标识诉讼案件的激增，将此类诉讼中的潜在原告限制在被告的实际竞争对手范围内，对于保护企业免受那些没有遭受实际损失的巨魔的攻击是十分必要的。

附　录

附录 A
商标和服务标记申请

以下表格仅供参考。如果你需要申请商标，美国专利商标局鼓励使用其提供的在线申请和其他服务，网址为 www. uspto. gov/teas/eTEASpageA. htm。但是，如果你希望以传统方式提交商标，则可致电商标援助中心 800 – 786 – 9199 或 571 – 272 – 9250 索取纸质表格。

Applicant Information		
* Name		
Entity Type: Click on the **one** appropriate circle to indicate the applicant's entity type and enter the corresponding information.		
☐ Individual	Country of Citizenship	
☐ Corporation	State or Country of Incorporation	
☐ Partnership	State or Country Where Organized	
	Name and Citizenship of all General Partners	
☐ Other	Specify Entity Type	
	State or Country Where Organized	
	* Street Address	
	* City	
	State	Select State ▼
		If not listed above, please select 'OTHER' and specify here:
	* Country	Select Country ▼
		If not listed above, please select 'OTHER' and specify here:
	Zip/Postal Code	
Phone Number		
Fax Number		
Internet E-Mail Address	☐ Check here to authorize the USPTO to communicate with the applicant or its representative via e-mail. NOTE: While the application may list an e-mail address for the applicant, applicant's attorney, and/or applicant's domestic representative, **only one** e-mail address may be used for correspondence, in accordance with Office policy. The applicant must keep this address current in the Office's records.	

— 139 —

Mark Information

Before the USPTO can register your mark, we must know exactly what it is. You can display a mark in one of two formats: (1) typed; or (2) stylized or design. When you click on one of the two circles below, and follow the relevant instructions, the program will create a separate page that displays your mark once you validate the application (using the Validate Form button at the end of this form). You must print out and submit this separate page with the application form (even if you have listed the "mark" in the body of the application). If you have a stylized mark or design, but either you do NOT have a GIF or JPG image file or your browser does not permit this function, check the box to indicate you do NOT have the image in a GIF or JPG image file (and then see the special help instructions).

WARNING: AFTER SEARCHING THE USPTO DATABASE, EVEN IF YOU THINK THE RESULTS ARE "O.K.," DO NOT ASSUME THAT YOUR MARK CAN BE REGISTERED AT THE USPTO. AFTER YOU FILE AN APPLICATION, THE USPTO MUST DO ITS OWN SEARCH AND OTHER REVIEW, AND MIGHT REFUSE TO REGISTER YOUR MARK.

* Mark	**Typed Format** ☐	Click on this circle if you wish to register a word(s), letter(s), and/or number(s) in a format that can be reproduced using a typewriter. Also, only the following common punctuation marks and symbols are acceptable in a typed drawing (any other symbol, including a foreign diacritical mark, requires a stylized format): . ? " - : ( ) % $ @ + , ! ' : / & # * = [ ] Enter the mark here: NOTE: The mark **must** be entered in ALL upper case letters, regardless of how you actually use the mark. E.g., MONEYWISE, **not** MoneyWise.
	Stylized or Design Format ☐	Click on this circle if you wish to register a stylized word(s), letter(s), number(s), and/or a design. Click on the 'Browse' button to select GIF or JPG image file from your local drive that shows the complete, overall mark (i.e., the stylized representation of the words, e.g., or if a design that also includes words, the image of the "composite" mark, NOT just the design element). Do NOT submit a color image. ☐ Check this box if you do NOT have the image in a GIF or JPG image file. For a stylized word(s) or letter(s), or a design that also includes a word(s), enter the LITERAL element only of the mark here:
Additional Statement		This section is for the entry of various statements that may pertain to the mark. In no case must you enter any of these statements for the application to be accepted for filing (although you may be required to add a statement(s) to the record during the actual prosecution of the application). To select a statement, check the box and enter the specific information relevant to your mark. The following are the texts of the most commonly asserted statements:
	☐	DISCLAIMER: "No claim is made to the exclusive right to use [_____] apart from the mark as shown."
	☐	STIPPLING AS A FEATURE OF THE MARK: "The stippling is a feature of the mark."
	☐	STIPPLING FOR SHADING: "The stippling is for shading purposes only."
	☐	PRIOR REGISTRATION(S): "Applicant claims ownership of U.S. Registration Number(s) [_____]."

☐ **DESCRIPTION OF THE MARK:** "The mark consists of _____."

☐ **TRANSLATION:** "The foreign wording in the mark translates into English as _____."

☐ **TRANSLITERATION:** "The non-Latin character(s) in the mark transliterate into _____, and this means _____ in English."

☐ **§2(f), based on Use:** "The mark has become distinctive of the goods/services through the applicant's substantially exclusive and continuous use in commerce for at least the five years immediately before the date of this statement."

☐ **§2(f), based on Prior Registration(s):** "The mark has become distinctive of the goods/services as evidenced by the ownership on the Principal Register for the same mark for related goods or services of U.S. Registration No(s). _____."

☐ **§2(f), IN PART, based on Use:** "_____ has become distinctive of the goods/services through the applicant's substantially exclusive and continuous use in commerce for at least the five years immediately before the date of this statement."

☐ **§2(f), IN PART, based on Prior Registration(s):** "_____ has become distinctive of the goods/services as evidenced by the ownership on the Principal Register for the same mark for related goods or services of U.S. Registration No(s). _____."

☐ **NAME(S), PORTRAIT(S), SIGNATURE(S) OF INDIVIDUAL(S):**

   ☐ "The name(s), portrait(s), and/or signature(s) shown in the mark identifies _____, whose consent(s) to register will be submitted."

   ☐ "The name(s), portrait(s), and/or signature(s) shown in the mark does not identify a particular living individual."

☐ **USE OF THE MARK IN ANOTHER FORM:** "The mark was first used anywhere in a different form other than that sought to be registered on _____, and in commerce on _____."

☐ **CONCURRENT USE:** Enter the appropriate concurrent use information, e.g., specify the goods and the geographic area for which registration is sought.

BASIS FOR FILING AND GOODS AND/OR SERVICES INFORMATION

Applicant requests registration of the trademark/service mark identified above with the Patent and Trademark Office on the Principal Register established by the Act of July 5, 1946 (15 U.S.C. §1051 et seq.) for the following Class(es) and Goods and/or Services, and checks the basis that covers those specific Goods or Services. More than one basis may be selected, but do **NOT** claim both §§1(a) and 1(b) for the identical goods or services in one application.

☐ **Section 1(a), Use in Commerce:** Applicant is using or is using through a related company the mark in commerce on or in connection with the below identified goods and/or services. 15 U.S.C. § 1051(a), as amended. Applicant attaches or will submit one specimen for *each class* showing the mark as used in commerce on or in connection with any item in the class of listed goods and/or services. If filing electronically, applicant must attach a JPG or GIF specimen image file for each international class, regardless of whether the mark itself is in a typed drawing format or is in a stylized format or a design. Unlike the mark image file, a specimen image file may be in color (i.e., if color is being claimed as a feature of the mark, then the specimen image should show use of the actual color(s) claimed).

Describe what the specimen submitted consists of:

_____

International Class	If known, enter class number 001 – 042, A, B, or 200.
* Listing of Goods and/or Services **USPTO Goods/Services Manual**	
Date of First Use of Mark Anywhere	at least as early as: MM/DD/YYYY
Date of First Use of the Mark in Commerce	at least as early as: MM/DD/YYYY

Section 1(b), Intent to Use: Applicant has a bona fide intention to use or use through a related company the mark in commerce on or in connection with the goods and/or services identified below (15 U.S.C. §1051(b)).

International Class	If known, enter class number 001 – 042, A, B, or 200.
* Listing of Goods and/or Services **USPTO Goods/Services Manual**	

☐	**Section 44(d), Priority Based on Foreign Filing:** Applicant has a bona fide intention to use the mark in commerce on or in connection with the goods and/or services identified below, and asserts a claim of priority based upon a foreign application in accordance with 15 U.S.C. §1126(d).

International Class	____ If known, enter class number 001 – 042, A, B, or 200.

* Listing of Goods and/or Services *USPTO Goods/Services Manual*	
Country of Foreign Filing	Select Country ▼ If not listed above, please select 'OTHER' and specify here: ☐
Foreign Application Number	NOTE: If possible, enter no more than 12 characters. Eliminate all spaces and non-alphanumeric characters.
Date of Foreign Filing	MM/DD/YYYY

☐	**Section 44(e), Based on Foreign Registration:** Applicant has a bona fide intention to use the mark in commerce on or in connection with the above identified goods and/or services, and submits or will submit a certification or certified copy of the foreign registration before the application may proceed to registration, in accordance with 15 U.S.C. 1126(e), as amended.

International Class	____ If known, enter class number 001 – 042, A, B, or 200.

* Listing of Goods and/or Services *USPTO Goods/Services Manual*	
Country of Foreign Registration	Select Country ▼ If not listed above, please select 'OTHER' and specify here: ☐

Foreign Registration Number		
	NOTE: If possible, enter no more than 12 characters. Eliminate all spaces and non-alphanumeric characters.	
Foreign Registration Date		
	MM/DD/YYYY	
Renewal Date for Foreign Registration		
	MM/DD/YYYY	
Expiration Date of Foreign Registration		
	MM/DD/YYYY	

☐ Check here if an attorney is filing this application on behalf of applicant(s). Otherwise, click on Domestic Representative to continue.

Attorney Information

Correspondent Attorney Name		
Individual Attorney Docket/Reference Number		
Other Appointed Attorney(s)		
Attorney Address	**Street Address**	
	City	
	State	Select State
		If not listed above, please select 'OTHER' and specify here:
	Country	Select Country
		If not listed above, please select 'OTHER' and specify here:
	Zip/Postal Code	
Firm Name		
Phone Number		
FAX Number		
Internet E-Mail Address		☐ Check here to authorize the USPTO to communicate with the applicant or its representative via e-mail. NOTE: While the application may list an e-mail address for the applicant, applicant's attorney, and/or applicant's domestic representative, **only one** e-mail address may be used for correspondence, in accordance with Office policy. The applicant must keep this address current in the Office's records.

☐ Check here if the applicant has appointed a Domestic Representative. **A Domestic Representative is REQUIRED if the applicant's address is outside the United States.**

Domestic Representative

The applicant must appoint a Domestic Representative if the applicant's address is outside the United States. The following is hereby appointed applicant's representative upon whom notice or process in the proceedings affecting the mark may be served.

Representative's Name		

Address	**Street Address**	
	City	
	State	Select State ▾ If not listed above, please select 'OTHER' and specify here:
	Zip Code	

Firm Name	
Phone Number	
FAX Number	
Internet E-Mail Address	☐ Check here to authorize the USPTO to communicate with the applicant or its representative via e-mail. NOTE: While the application may list an e-mail address for the applicant, applicant's attorney, and/or applicant's domestic representative, **only one** e-mail address may be used for correspondence, in accordance with Office policy. The applicant must keep this address current in the Office's records.

Fee Information

Number of Classes Paid   [1 ▾]

Note: The total fee is computed based on the Number of Classes in which the goods and/or services associated with the mark are classified.

$ [325] = **Number of Classes Paid x $325 (per class)**

* Amount $ [ ]

Payment

☐ **Deposit Account Number**   [ ]
(If checked, please enter six numbers with no space or hyphen).
The U.S. Patent and Trademark Office is hereby authorized to charge any fees or credit any overpayments to the deposit account listed above.

Name of Person authorizing account activity   [ ]

Company/Firm Name   [ ]

Declaration

The undersigned, being hereby warned that willful false statements and the like so made are punishable by fine or imprisonment, or both, under 18 U.S.C. §1001, and that such willful false statements may jeopardize the validity of the application or any resulting registration, declares that he/she is properly authorized to execute this application on behalf of the applicant; he/she believes the applicant to be the owner of the trademark/service mark sought to be registered, or, if the application is being filed under 15 U.S.C. §1051(b), he/she believes applicant to be entitled to use such mark in commerce; to the best of his/her knowledge and belief no other person, firm, corporation, or association has the right to use the mark in commerce, either in the identical form thereof or in such near resemblance thereto as to be likely, when used on or in connection with the goods/services of such other person, to cause confusion, or to cause mistake, or to deceive; and that all statements made of his/her own knowledge are true; and that all statements made on information and belief are believed to be true.

[1]

Signature _____   **Date Signed** _____

Signatory's Name   [ ]

Signatory's Position   [ ]

附录 *B*
版权申请

表格 CO 和其他版权表格及其使用说明可在美国版权局网站（www.copyright.gov）上下载。

新的 CO 表格取代了表格 TX、VA、PA、SE 和 SR。我们此处提供的表格是新表格的范例。它使用二维码扫描技术，用户应访问版权局网站并在个人计算机上填写电子表格并打印，连同支票或汇票和保证金一并邮寄。有关更多信息，请阅读表格 CO 的说明，网址为 www.copyright.gov/forms/。

UNITED STATES COPYRIGHT OFFICE
Form CO · Application for Copyright Registration

THIS APPLICATION IS INCOMPLETE AND CAN NOT BE SUBMITTED

APPLICATION FOR COPYRIGHT REGISTRATION

* Designates Required Fields

1 WORK BEING REGISTERED

1a. * Type of work being registered (Fill in one only)
- [ ] Literary work
- [ ] Performing arts work
- [ ] Visual arts work
- [ ] Motion picture/audiovisual work
- [ ] Sound recording
- [ ] Single serial issue

ApplicationForCopyrightRegistration

1b. * Title of this work (one title per space)

WorkTitles

1c. For a serial issue: Volume ___ Number ___ Issue ___ ISSN ___
Frequency of publication: ___

1d. Previous or alternative title

1e. * Year of completion ___

Publication (If this work has not been published, skip to section 2)

1f. Date of publication ___ (mm/dd/yyyy) **1g.** ISBN ___

1h. Nation of publication [ ] United States [ ] Other

UNITED STATES COPYRIGHT OFFICE
Form CO · Application for Copyright Registration

1i. Published as a contribution in a larger work entitled

1j. If line 1i above names a serial issue　　Volume　　　　Number　　　　issue

On pages

1k. If work was preregistered　　Number PRE-

For Office Use Only
WorkBeingRegistered

2 AUTHOR INFORMATION

2a. Personal name　　*complete either 2a or 2b*

First Name　　　　Middle　　　　Last

2b. Organization name

2c. Doing business as

2d. Year of birth　　　　**2e.** Year of death

2f. *　☐ Citizenship
　☐ Domicile

2g. Author's contribution:　☐ Made for hire　☐ Anonymous
　☐ Pseudonymous

Continuation of Author Information

2h. * This author created *(Fill in only the authorship that applies to this author)*

☐ Text/poetry　☐ Compilation　☐ Map/technical drawing　☐ Music
☐ Editing　☐ Sculpture　☐ Architectural work　☐ Lyrics
☐ Computer program　☐ Jewelry design　☐ Photography　☐ Motion picture/audiovisual
☐ Collective work　☐ 2-dimensional artwork　☐ Script/play/screenplay　☐ Sound recording/performance

Other:

Page 2 of 7

UNITED STATES COPYRIGHT OFFICE
Form CO · Application for Copyright Registration

For Office Use Only

AuthorInformation

---

3 COPYRIGHT CLAIMANT INFORMATION

Claimant   * complete either 3a or 3b – If you do not know the address for a claimant, enter "not known" in the Street address and City fields.

3a. Personal name

First Name	Middle	Last

3b. Organization name

3c. Doing business as

3d. Street address *

Street address (line 2)

City *	State	ZIP / Postal code	Country

Email   **Phone number**   *(Add "+" and country code for foreign numbers)*

3e. If claimant is **not** an author, copyright ownership acquired by: ☐ Written agreement ☐ Will or inheritance ☐ Other

---

For Office Use Only

CopyrightClaimantInformation

Page 3 of 7

UNITED STATES COPYRIGHT OFFICE

Form CO · Application for Copyright Registration

4 LIMITATION OF COPYRIGHT CLAIM

Skip section 4 if this work is all new.

4a. Material excluded from this claim *(Material previously registered, previously published, or not owned by this claimant)*

☐ Text   ☐ Artwork   ☐ Music   ☐ Sound recording/performance   ☐ Motion picture/audiovisual

Other: _____

4b. Previous registration(s)   Number _____   Year ☐☐☐☐

Number _____   Year ☐☐☐☐

4c. New material included in this claim *(This work contains new, additional, or revised material)*

☐ Text   ☐ Compilation   ☐ Map/technical drawing   ☐ Music
☐ Poetry   ☐ Sculpture   ☐ Architectural work   ☐ Lyrics
☐ Computer program ☐ Jewelry design   ☐ Photography   ☐ Motion picture/audiovisual
☐ Editing   ☐ 2-dimensional artwork ☐ Script/play/screenplay ☐ Sound recording/performance

Other: _____

For Office Use Only

LimitationOfCopyrightClaim

5 RIGHTS AND PERMISSIONS CONTACT

☐ Check if information below should be copied from the **first** copyright claimant

First Name _____   Middle _____   Last _____

Name of organization _____

Street address _____

Street address (line 2) _____

City _____   State _____   ZIP / Postal code _____   Country _____

Privacy Act Notice
Sections 408-410 of title 17 of the *United States Code* authorize the Copyright Office to collect the personally identifying information requested on this form in order to process the application for copyright registration. By providing this information you are agreeing to routine uses of the information that include publication to give legal notice of your copyright claim as required by 17 U.S.C. § 705. It will appear in the Office's online catalog. If you do not provide the information requested, registration may be refused or delayed, and you may not be entitled to certain relief, remedies, and benefits under the copyright law.

Page 4 of 7

UNITED STATES COPYRIGHT OFFICE
Form CO · Application for Copyright Registration

Email

Phone number

(Add "+" and country code for foreign numbers)

For Office Use Only

RightsAndPermissionsContact

6 CORRESPONDENCE CONTACT

☐ Copy from **first** copyright claimant   ☐ Copy from rights and permissions contact

First name *   **Middle**   **Last ***

Name of organization

Street address *

Street address (line 2)

City *   **State**   **ZIP / Postal code**   **Country**

Email *   **Daytime phone number**   *(Add "+" and country code for foreign numbers)*

For Office Use Only

CorrespondenceContact

7 MAIL CERTIFICATE TO:

* Complete either 7a, 7b, or both

☐ Copy from **first** copyright claimant   ☐ Copy from rights and permissions contact   ☐ Copy from correspondence contact

UNITED STATES COPYRIGHT OFFICE
Form CO · Application for Copyright Registration

7a. First Name	Middle	Last

7b. Name of organization

7c. Street address *

Street address (line 2)

City *	State	ZIP / Postal code	Country

For Office Use Only

MailCertificateTo

8 CERTIFICATION

17 U.S.C. § 506(e): Any person who knowingly makes a false representation of a material fact in the application for copyright registration provided for by section 409, or in any written statement filed in connection with the application, shall be fined not more than $2,500.

I certify that I am the author, copyright claimant, or owner of exclusive rights, or the authorized agent of the author, copyright claimant, or owner of exclusive rights, of this work, and that the information given in this application is correct to the best of my knowledge.

Sign Here

8a. Handwritten signature	
	9/3/2010
8b. Printed name	**8c. Date signed**

8d. Deposit account number   Account holder

8e. Applicant's internal tracking number (optional)

知识产权精要：法律、经济与战略（第2版）

 UNITED STATES COPYRIGHT OFFICE
Form CO · Application for Copyright Registration

For Office Use Only

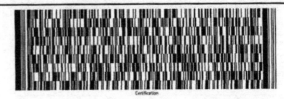

Certification

附录 C
保密协议

本协议由主要营业地位于＿＿＿＿＿＿＿＿＿，根据＿＿＿＿国法律组建和存续的＿＿＿＿＿＿＿＿＿，＿＿＿＿＿＿＿＿［公司类型］（披露方）和主要营业地位于＿＿＿＿＿＿＿＿，根据＿＿＿＿国法律组建和存续的＿＿＿＿＿＿＿，＿＿＿＿＿＿＿＿［公司类型］［如果不是公司，则可选择："办公室位于＿＿＿＿＿＿＿＿的＿＿＿＿＿＿＿＿"］（接受方）于＿＿＿＿年＿＿＿＿月＿＿＿＿日共同签署。

鉴于，披露方是有关＿＿＿＿＿＿的信息的所有者；

鉴于，接受方人有兴趣了解这些信息，以便能够确定他们对使用信息［或者："将其用于＿＿＿＿＿＿＿＿项目"］的兴趣。

因此，考虑到上述共同协议和契约，双方兹同意如下。

1. 披露方同意向接受方披露足够详细的信息，以使接受方能够了解其中的实质内容。双方同意，除非另有明确的书面协议，否则披露方向接受方传达的任何信息均为保密信息，并构成披露方的有价值商业秘密。

2. 为了诱使披露方泄露信息，接受方承诺并保证（ⅰ）仅将信息用于上述目的，（ⅱ）不得将任何信息用于接受方自身利益，以及（ⅲ）不得未经披露方事先书面许可，将任何信息披露给第三方。

3. 披露方下列披露的任何部分都排除上述限制：

（1）这种披露可以证明在该日期之前已经处于公有领域；

（2）这种披露可以证明接受方在本协议签署日之前已经拥有；

（3）这种披露为非因接受方的任何未经授权的行为或不作为，通过印刷或其他方式成为公有领域的一部分；或者

（4）这种披露作为一种权利，是由任何第三方提供给接受方的，只要该信息是由第三方合法获得的。

4. 本协议中的权利和义务属于披露方和接受方的本人所有，未经对方事

先书面许可不得转让。本协议载有双方对本协议所述事项的完整理解，并且只能通过代表披露方和接受方正式签署的书面文书进行修改。

本协议双方在本协议上述日期已经正式执行，特此立证。

披露方：_____　　签名：_____

接受方：_____　　签名：_____

附录 *D*
发明出让表格

（注意：本出让授权不赋予受让人对转让日期之前发生的侵权行为进行起诉或获得损害赔偿之权利。）

执业卷宗　　第_____号专利

属于：

☐ 美国国内或

☐ 国外权利

属于：

☐ 美国申请或者

☐ 美国临时申请

属于：

☐ 美国专利

属于：

☐ PCT 申请

由：

☐ 发明人　或者

☐ 现所有人

提出

发明出让

鉴于受让人向出让人支付壹（＄1.00）美元的款项，特此确认收到，并据此接受善意等值对价。

出让人：

拥有该发明的发明人或个人或实体

出让人签名：_____

（打字或印刷体签名）

地址：_____

国籍：_____

（如果出让是由发明人以前受让的个人或实体进行的，并且在美国专利商标局有备案，请添加以下内容）

备案号码：_____卷_____

特此销售、出让和转让给

受让人：

受让人签名：_____

（打字或印刷体签名）

地址：_____

国籍：_____

受让人的继受者，受让人和法定代表人

（完成以下任一项）

☐ 整个权利，所有权和利益

☐ 不可分割的_____%（_____%）利息

属于美国及其领土财产

（如果还要出让外国发明权，请选中以下框。）

☐ 以及在所有外国，本发明内含有主张优先权，任何及所有对本发明的改进，该发明名称为：

_____

发明人姓名_____

［检查并完成（a）、（b）、（c）、（d）、（e）、（f）或（g）］，其可以在（37 C. F. R. §3. 21）找到。

☐（a）同日签署的美国专利申请

☐（b）在_____上执行的美国专利申请

☐（c）美国临时申请，其名称为上述发明人的上述发明

☐ 快递邮件标签号：_____

　　收寄地址：_____

☐ 为符合 37 CFR 3.21 的规定，本人在下文签署的出让人的授权下请求我的律师在申请日期和申请编号下方填入他们知晓的时间。

☐（d）美国申请号/_____在_____提交

☐（e）国际申请号 PCT /_____

　　/_____在_____上提交

☐（f）美国专利号_____发行_____

□ 有关专利维护费的通信地址的更改将另行发送。

〔同时如果出让涉及外国申请，勾选（g）。〕

□（g）及其在国外的任何法律等同物，包括要求优先权的权利

以及就上述申请或任何继续、分割、更新或替代所获得的所有发明专利，以及就该等专利而言，重新签发或重新审查该等专利。

出让方特此声明，任何与本出让相冲突的转让、出售、协议或产权负担均不会或将会做出或订立。

出让方进一步承诺，受让方将根据其要求立即获得有关该发明的所有相关事实和文件，以及出让方可能知道和可以获得的所有英文专利和法律等同物，并将在任何与此有关的介入、诉讼或程序中对此予以作证，并将立即制作并交付给受让方或其法定代理人申请、获取、维护、发布和实施所述申请、所述发明、所述专利以及实现此目的所必须或所期望的所述等同物所需的任何和所有文件、工具或宣誓书。

作为证人，我/我们在此于_____日签名与盖章_____。

签署日期

警告：如果上面的项目（a）被选中，签名日期必须与申请执行日期相同。

日期：_____

出让人的签名

日期：

————

日期：

————

日期：

————

（如果出让方是法律实体，请填写以下信息。）

————

（输入或打印代表出让方授权签署的上述人员的姓名。）

————

职务

注意：不需要见证人、公证或其他法律程序。如果任务经过公证或法律程序，那么这只是执行的表面证据（参见35 USC 261）。如果需要公证，请使用下一页。

□ 加有公证或认证页。

附录 *E*
基础知识产权审计问卷

1. 列出国内和国外的所有专利和未决的专利申请。确认：

A. 所有专利和专利申请都已妥善出让。

B. 所有维护费用已经支付，并且未来的付款已经入账。

C. 未决的专利申请目前正在进行中。

2. 该组织是否有记录和披露新发明的程序？如果"否"，则制定发明披露程序；如果"是"，则获得所有已披露发明的清单。

3. 列出所有商标和服务商标注册以及未决的国内和国外注册申请。确认：

A. 所有注册和注册申请均以该组织名义进行或已妥善出让。

B. 所有使用和续展申请已经提交。

C. 所有未决申请当前正在进行中。

4. 列出该组织使用的所有未注册商标和服务标记。

5. 收集和编目所有出版物的副本，包括目录、广告和宣传材料、股东报告等。检查：

A. 未列出的商标和服务标志。

B. 适当的商标和服务标记用法。

C. 适当的版权声明。

6. 列出所有版权登记，确认所有登记均以该组织名称进行或已被合理出让。

7. 列出所有布图设计。

8. 列出所有注册的外观设计。

9. 该组织是否拥有任何提供有关竞争对手竞争优势的信息？如果"是"，请确认信息标记为"机密"，确认访问此类信息的权限受到限制，并且以其他方式适当保护。

10. 是否让所有员工都签订了适当的发明出让和保密协议？如果"否"，

则确保签订必要的协议。

11. 所有顾问和独立承包商是否都需要签订适当的发明出让和保密协议？如果"否"，则制定适当的程序。

12. 获取该组织为许可人或被许可人的所有知识产权许可证副本。

13. 列出与该组织曾经参与的或现在正在参加的所有与知识产权有关的诉讼。

附录 *F*
专利评估

专利组合评估

什么是专利的价值？答案取决于谁在问这个问题。但是，有两件事情应该是显而易见的：知识产权的本质是它给所有者带来的附加价值或增量价值，而增量价值取决于该财产的使用方式。主要有四种情况需要对知识产权进行估价：

1. 知识产权可能由个人或企业拥有，该企业利用该财产对其制造和/或销售的产品或其提供的服务保持垄断。

2. 知识产权可能由个人或企业拥有，但其不直接利用财产，而是愿意出售或许可给他人。

3. 个人或企业可以购买知识产权或获得排他性许可，以利用其提供的专利垄断。

4. 个人或企业可以获得知识产权的非排他性许可，以便能够在竞争激烈的环境中提供新产品或服务。

让我们分别考虑上述每个类别

例如，一家制药公司，销售获得专利的热门药品。该专利处于有效期内，但该公司享有很大的市场份额，并且无论市场如何变动，它都可以对该药品收取专利费。一旦专利到期（或在法庭上被宣告无效），一系列仿制药生产商进入该领域，热门药物制造商不可避免地遭受价格和市场份额的侵蚀。

因此，对于这样一家公司来说，保护其某一特定产品或方法❶的专利将恰好相当于该专利提供的垄断下该产品或服务的销售收入与在一个没有专利、自由竞争的环境下相应收入之间差额的净现值。专利中还有一项额外的价值，可以将专利授权给可能在另一个市场使用该专利的非竞争对手。这样的许可在特定的使用领域中可以是非排他性的或排他性的。这种额外的收入可以通过实物期权理论或简单的折现现金流分析进行估价。为了分析方便，我们将忽略这个额外的价值。

我们每年计算一次这个差异

$$V(P) = <PR> - PR \tag{1}$$

其中 $V(P)$ 是专利 P 的年度价值；$<PR>$ 是假设专利垄断下特定年份的专利产品或方法所产生的利润；PR 是由同一产品或服务在没有专利保护的情况下，即在自由竞争的环境中产生的假设利润。

为了获得专利在其法定年限中的总价值，我们需要按照年份〔从授权专利的年份（只能从授权之日❷起享受专利保护）到其到期之前〕对该式进行加总。假设一项现行专利在其任期还剩 l 年，

我们可以得出

$$V(P) = \sum_{i=1}^{l} (<PR_i> - PR_i) \tag{2}$$

其中 $<PR_i>$ 和 PR_i 是等式（1）中在第 i 年取得的值，并由 i 从发明专利的年份总和到第 l 年到期。

因此，专利价值是在专利期限内每年专利垄断增量值的总和。用另一种方式写：

$$V(P) = \sum_{i=1}^{l} \Delta i \tag{3}$$

其中：

$$\Delta_i = <PR_i> - PR_i \tag{4}$$

假设该专利申请在作为美国实用专利授权之前已经在专利局悬了 4 年。由于专利期限为自申请日起 20 年，该专利（在其有效期内）将使其拥有者拥有16 年的专利垄断权。在这种情况下，等式（3）看起来像如下公式：

$$V(P) = (<PR_1> - PR_1) + (<PR_2> - PR_2)$$

---

❶　假设此种产品或方法不对其他专利造成侵权。
❷　根据 1999 年《美国发明人保护法》，一项于申请日后 18 个月公布的专利申请从申请公布日起可享受临时的权利。

$$+ \cdots + (< PR_{16} >) - PR_{16} \tag{5}$$

或者

$$V(P) = \Delta_1 + \Delta_2 + \cdots + \Delta_{16} \tag{6}$$

实际上，产品的经济寿命通常比专利的法定期限短得多。技术过时、品位变化以及其他因素可能会缩短产品的经济寿命。专利的平均经济寿命（在基础技术变得过时之前）距离授权日期仅约 5 年。在这种情况下，等式（5）中就包含更短的计算期间，得出的销售额将会减少，最终缩小到零。

值得注意的是，每年的增量值都会在专利的使用期限内发生变化。例如，这种变化可能来自产品促销、替代产品的可用性（和成本）以及一般经济状况。在测算等式（3）的值时，所有这些因素都必须考虑在内，并且必须每年进行一次，因为每个因素的相对影响可能每年都会发生变化。

上述公式定义了专利在整个法定（或经济）寿命中的价值（即增量收入）。为了获得专利的现值，我们必须对未来的增量值 Δ_i 进行折现：

$$PV(P) = \sum_{i=1}^{l} \frac{\Delta_i}{(1 + I_i)^i} \tag{7}$$

其中 I_i 是第 i 年的折现利率。

在类似于普通年金的简化情况下，在专利期间，专利垄断的增量年度价值 Δ_i 和年折现率 I_i 保持不变（$\Delta_i = \Delta$，$I_i = I$），方程（7）可以写成：

$$PV(P) = \Delta \left[\frac{1 - \dfrac{1}{(1 + I)^i}}{I} \right] \tag{8}$$

例如，确保专利垄断的专利的现值产生不变的年度增值，剩余寿命为 17 年（$l = 17$），折现率为 10%（$I = 0.10$），专利的现值为：

$$PV(P) = \Delta \left[\frac{1 - \dfrac{1}{(1 + 0.1)^{17}}}{0.1} \right] = 8.02 \times \Delta \tag{9}$$

因此，对于 $\Delta = 1000$ 万美元，专利的现值是 80215533 美元❶。由于未来设计的可能性可能会导致专利无法实现，所以当我们考虑这样长的时间范围时，10% 的折现率可能不现实，更现实的折现率可能是 25%。对于 25% 的折现率，等式（8）得出 3.9Δ。即使专利组合仅剩 10 年（即最后一项专利将在 10 年内到期），该组合的价值为 3.5Δ（假设折现率为 25%）。

等式（2）及其后的表达式是在假设专利产品受到一项且仅一项专利保护

---

❶ 这里我们假设在自然年末该增量值 Δ_i 是可以接受的。

的情况下推导出来的。尽管如此，这些公式还刻画了保护专利产品或服务的整个专利组合的价值。（一个专利组合代表了一组保护收入流的专利。该收入流可能由单一产品、产品系列或整个企业产生）请注意，保护单一产品或服务的专利组合的价值并不取决于投资组合中的专利数量。

因此，专利组合 $V(PP)$ 的价值可以计算为：

$$V(PP) = \sum_{i=1}^{l} (< PR_i > - PR_i) \tag{10}$$

或者

$$V(PP) = \sum_{i=1}^{l} \Delta_i \tag{11}$$

现值计算公式：

$$PV(PP) = \sum_{i=1}^{l} \frac{< PR_i > - PR_i}{(1 + I_i)^i} \tag{12}$$

或者

$$PV(PP) = \sum_{i=1}^{l} \frac{\Delta_i}{(1 + I_i)^i} \tag{13}$$

单个专利估价

让我们假设组合中有 n 个专利。可能有人会认为，这个组合中的任何专利的价值都是按比例分配的：

$$V(P) = \frac{1}{n} V(PP) \tag{14}$$

然而，只有在组合中的所有专利都是在同一天授权并且将在未来同一天到期时，情况才会如此，并且所有专利都具有同等价值。在现实生活中，这很少发生。

为了克服这个问题，我们首先注意到这一点：

$$V(PP) = \sum_{j=1}^{n} V(P_j) \tag{15}$$

其中 n 个专利组合的价值被描述为组合中每个专利的价值 P_j 的总和。为了说明专利可能在不同时间获得并到期的事实，我们必须每年考虑这种情况（简化的假设是，所有专利都是在一年的第一天获得的，并且在一年的最后一天到期❶）。因此，在任何特定年份（i），专利垄断的年度价值，以及专利组合的

---

❶ 该假设可按照将求和周期分解为半年、季度或月度而进行改进。

年度价值是：

$$\sum_{j=1}^{n} V(P_i^j) = <PR_i> - PR_i \qquad (16)$$

组合在其整个生命周期中的总价值是：

$$\sum_{i=1}^{l} \sum_{j=1}^{n} V(P_i^j) = \sum_{i=1}^{l} (<PR_i> - PR_i) \qquad (17)$$

其中 l 是组合在最后到期专利终止之前的总年数。

因为加法是一种交换运算，所以等式（17）可以写成：

$$\sum_{i=1}^{l} \sum_{j=1}^{n} V(P_i^j) = \sum_{i=1}^{l} (<PR_i> - PR_i) \qquad (18)$$

或

$$\sum_{j=1}^{n} V(P_j) = \sum_{i=1}^{l} (<PR_i> - PR_i) \qquad (19)$$

其中 $V(P_j)$ 是第 j 个专利 P_j 在其整个生命周期中的价值。等式（19）给出了所有组合专利 P_j 的总价值 V，我们必须对此等式求解得出 $V(P_j)$。让我们首先假设所有活跃的（即已授权且未到期的）专利为组合提供同等价值。我们需要说明一些专利可能比其他专利授权较晚，因而到期也较晚（或者被提前无效）。为此，我们引入一个矩阵 P（如果数学项矩阵你不熟悉，将其想象成一个表），其中行对应的是专利组合的生命周期的各个年份，列对应的是专利组合中的单个专利。如果某一年的某项专利是活跃的，我们写入矩阵的相应单元中一个大于0且小于或等于1的正数；如果专利尚未发布或已经过期，我们写一个0。换句话说，当且仅当专利 j 在 i 年是活跃的时候，矩阵元 P_j^i 的值是正的（$0 < P_j^i \leq 1$）；否则为0。由于专利组合的价值对开不取决于其组成专利的数量，分配给矩阵的单个单元数组的值必须满足简单的规则：矩阵任何行中所有元素的总和必须等于1。我们称这个矩阵 P 为专利组合权重矩阵。

例如，让我们考虑一个4年期间由三项专利组成的专利组合。让我们假设，在第一年，投资组合只包含一项专利 P_1；在第二年，它由两项专利 P_1 和 P_2 组成（第二项专利刚刚授权）；在第三年，只有一项专利 P_2（第一项专利在第二年结束时到期）；第四年有两项专利 P_2 和 P_3。让我们把这些事实插入下表中：

	专利1	专利2	专利3
1 年	1	0	0
2 年	0.5	0.5	0
3 年	0	1	0
4 年	0	0.5	0.5

请注意，我们按照每年活跃的专利的数量所占的比例分配其数值。在第二年和第四年，有两项专利处于活跃状态，因此我们在这些年份中为每件专利指定了 0.5 的值，以满足我们的规则，即行元素总和必须等于 1。换句话说，一个给定的数组是 $1/n$，其中 n 是当年活跃的专利的数量。

或者，按照数学表示法，专利组合权重矩阵 P 在这种情况下看起来如下：

$$P = \begin{pmatrix} 1 & 0 & 0 \\ 0.5 & 0.5 & 0 \\ 0 & 1 & 0 \\ 0 & 0.5 & 0.5 \end{pmatrix} \tag{20}$$

通常，专利组合权重矩阵 P 给出了在专利组合的整个生命周期内任何给定年份中哪些专利活跃的完整画面。

我们在这里假设专利组合中的所有专利在整个一年中都是活跃的。这是一个过度简化的假设，因为专利可能在一年中的任何时候被授权或到期。为了考虑这种实际情况，我们可以对活跃专利按照其在当年已经或者将会活跃的月数的比例进行加权分配给其一个数值，以此数值取代 $1/n$。例如，假设在专利组合中权重矩阵（等式20）中的第二项专利于 7 月初授权。那么，我们对其分配一个加权数字 0.25，而不是 0.5。这自动提高了第一项专利的价值：

$$P = \begin{pmatrix} 1 & 0 & 0 \\ 0.75 & 0.25 & 0 \\ 0 & 1 & 0 \\ 0 & 0.5 & 0.5 \end{pmatrix} \tag{21}$$

我们的另一个假设是，所有的专利对该专利组合都有同等的贡献，这导致我们为每个给定的在该特定年份的特定数量的月份活跃的专利分配相同的数值。这是不应该的，因为每个专利都可能有不同的数值。例如，人们不会对一项基本技术中的范围广的专利与对技术的改进相对较小的范围较窄的专利赋予相同的价值。

确定专利组合中的专利的相对价值时的一个试金石就是要问以下问题：如果这一特定专利从专利组合中删除（将其出售、放弃、过期或无效），会丧失多少垄断市场？专利权利要求的范围越广，由该专利所确保的垄断范围就越广泛。因此，该专利对专利组合的相对价值就越大。我们需要一直牢记的事，专利是一种法律文书，因此其法律价值与其所提供的法律保护（即专利权利要求的范围）成严格的正比关系。

但是，单个专利在其有效期限内也可能会发生价值变化。例如，一项专利经过专利局的复审之后，以一种了无污点的姿态出现，可以推定其当前的有效性得以加强，比以前更值钱了。被法院裁定为有效并可以实施的专利（实际上不是"无效的或不可实施的"）其价值会更高。相反，有效性受到挑战的专利（例如，通过第三方启动单方复审程序）的价值会因其有效性存在疑问而减少。

专利组合权重矩阵允许我们既考虑单个专利之间价值的差异，也允许我们考虑具有随着专利寿命变化而变化的相对价值的专利。要计算这些差异，需要对每项专利按年进行衡量或评估，并在矩阵 P 中的对应单元赋予其略高或者略低的不同数值。赋值的时候，我们必须遵循一个同样的简单规则：每行中所有数值的和必须等于 1。例如，如果在第二年，第一个专利仅占当年专利组合价值的 40%，而第二个专利占剩下的 60%，我们可将等式（20）中的矩阵写为

$$P = \begin{pmatrix} 1 & 0 & 0 \\ 0.4 & 0.6 & 0 \\ 0 & 1 & 0 \\ 0 & 0.5 & 0.5 \end{pmatrix} \qquad (22)$$

或者如果第二个专利如等式（21）中那样在 7 月才授权，则我们会有如下等式：

$$P = \begin{pmatrix} 1 & 0 & 0 \\ 0.7 & 0.3 & 0 \\ 0 & 1 & 0 \\ 0 & 0.5 & 0.5 \end{pmatrix} \qquad (23)$$

等式（23）描述了一个按照个人专利以随时间而变化和以相对价值两种方式对组合价值的贡献进行加权的专利组合权重矩阵 P。因此，专利组合权重矩阵 P 向我们展示出了一幅在专利组合的整个生命周期当中的任何给定年份哪些专利中处于活跃状态及其相对价值或权重的完整画面。

由于任何一行中所有元素的总和为 1，矩阵所有元素的总和等于行数——在专利组合的生命周期中的总年数（始于第一个专利的授权日，终于最后一个专利有效期到期日）。我们将这个数字称为专利组合法定寿命 L。通常，L 是矩阵 P 所有元素的总和 p_i^j（或者简单地说，总行数）：

$$L = \sum_j \sum_i p_i^j \qquad (24)$$

我们还将在这里引入一个专利权重指数 P^j，我们将其定义为矩阵 P 的第 j 列中的值的总和：

$$p^j = \sum_i^l p_i^j \qquad (25)$$

专利权重指数 P^j 是在整个专利组合的整个生命周期当中给定专利的所有加权值的总和。它是单个专利对专利组合的加权贡献。

专利组合是其组成专利的总和，因此，投资组合的年度价值是单个专利每年的价值总和：

$$AV_i(PP) = \sum_{j=1}^{n} AV_i(P^j) \qquad (26)$$

其中 $AV_i(PP)$ 是第 i 年专利组合在年份 i 的年度价值；$AV_i(P^j)$ 是第 i 年第 j 个专利 P^j 的年度价值；n 是专利组合中的专利数量。

由于一行中所有矩阵元素的总和总是等于 1，所以我们可以在不改变等式的情况下将该总和乘以等式的左边：

$$AV_i(PP) \times \sum_{j=1}^{n} p_i^j = \sum_{j=1}^{n} AV_i(P^j) \qquad (27)$$

我们可以将该等式重写为：

$$\sum_{j=1}^{n} AV_i(PP) \times p_i^j = \sum_{j=1}^{n} AV_i(P^j) \qquad (28)$$

由于根据定义专利组合矩阵值 P_i^j 代表专利组合中构成专利的相对价值，因此等式两边的所有加法项必须相等：

$$AV_i(PP) \times p_i^j = AV_i(P^j) \qquad (29)$$

由于根据定义专利组合的年度价值是专利垄断的年度价值，我们有：

$$AV_i(P^j) = p_i^j \times \Delta_i \qquad (30)$$

一旦我们知道专利 P^j 的年度价值，就很容易将它们折算为现值：

$$PV(P^j) = \sum_{i=1}^{l} \frac{p_i^j \times \Delta_i}{(1+I_i)^i} \qquad (31)$$

该表达式允许我们根据专利组合矩阵 $P = \{p_i^j\}$ 和专利垄断的年度值来计算组成专利 P^j 的现值 $PV(P^j)$。等式（31）代表着组成专利的现值，它与等式（3）不同。二者的不同之处在于，在等式（31）中，专利垄断的年度价值以组成专利对组合专利整体价值的相对贡献进行了加权。

在现实世界中

迄今为止提出的公式描述了在一个竞争对手尊重彼此的知识产权并且不会相互侵权的理想世界中专利的现值。在真实中世界，专利侵权是一个普通现实，我们必须假设专利将受到竞争对手的挑战，因而将需要由法院来实施。

为了调整我们的公式以适应这种更现实的情况，我们至少需要考虑两个额外的因素：（1）专利所有人在发生侵权时实施其专利权利的概率 E；（2）专利所有人在法院胜诉的概率 F。考虑到这一点，我们现在可以重写等式（3）和（8）如下：

$$V(PP) = E \times F \times \sum_{i=1}^{l} \Delta_i \tag{32}$$

和

$$PV(PP) = E \times F \times \sum_{i=1}^{l} \frac{\Delta_i}{(1+I_i)^i} \tag{33}$$

专利所有人能否在发生侵权事件时实施其专利主要取决于两个因素：一个人做这件事的意愿 E_w 和能力 E_a。不用说，一家公司拥有的专利组合与另一家强力实施其专利的公司所拥有的类似的专利组合相比，如果其价值（如果有价值的话）低太多，在其他条件相当的情况下，就不可能或者不能够实施。在估算专利实施概率 E 的时候，必须考虑意愿 E_w 和能力 E_a 这两个因素。为简单起见，假设这两个因素是独立的，实施概率 E 是这两个因素的乘积：

$$E = E_w \times E_a \tag{34}$$

在法院胜诉的概率 F 也包括几个因素：

1. 该组合中至少有一项专利被认定侵权的概率 F_{inf}；

2. 该组合中至少有一项被侵权的专利被认定有效（严格来说，是不会被认定为无效，因为专利享有推定的有效性）的概率 F_{val}；和

3. 该组合中至少有一项被侵权的和有效的专利被认定可实施（严格地说，不会被认定为不可实施）的概率 F_{eng}。

根据我们对休斯顿大学法律中心知识产权与信息法研究所（IPIL）❶ 发布的过去十年（2000～2009年）的数据进行的统计分析，这些概率数值如下：概率 F_{inf} 那个给定专利被认定侵权的概率 F_{inf} 是28%（从前十年的66%大幅下降）；给定专利被认定有效的概率 F_{val} 是56%（从67%有所下降）；给定专利被认定可实施的概率 F_{enf} 是72%（从88%有所下降）。

在现实世界中，专利组合的价值随着其规模的增大而增加；由于所有主张的专利必须根据有效性的理由被认定无效才能避免侵权指控，因此，在一个由 n 项专利组成的专利组合中至少有一项专利经受有效性挑战的概率是

$$F_{val} = 1 - \prod_{j=1}^{n} (1 - F_{val}^i) \tag{35}$$

希腊符号 Π（Π的大写字母，发音为"pi"）表示在一个由 n 个专利组成

---

❶ 参见网址 www. patstats. org。

的专利组合中每个专利 P^j 的乘数。这个公式是下式的简写

$$F_{val} = 1 - (1 - F_{val}^l) \times (1 - F_{val}^2) \times \cdots \times (1 - F_{val}^n) \tag{36}$$

其中 F_{val}^1，F_{val}^2，和 F_{val}^n 分别是每个 P^1、P^2 和 P^n 不会被无效（即在有效性挑战中幸存下来）的概率。等式（35）和（36）假定使专利组合中的任何特定专利无效的概率独立于使同一专利组合中的任何其他专利无效的概率。由于每个专利都有其自身的特点，因此理论上本应如此。然而，在实际上，尤其是在陪审团审判中，通常所有主张的专利都是要么一起有效，要么一起沦陷。稍后再介绍这一点。

例如，假设我们有一个双专利组合 $\{P^1, P^2\}$，这两者中每一个专利的有效性的信心水平分别为 $F_{val}^1 = 60\%$ 和 $F_{val}^2 = 55\%$。这意味着有 40% 的机会（1 - 0.60）使第一个专利无效；有 45% 的机会（1 - 0.55）无效第二个专利。为了计算使两项专利都无效的概率，我们必须用使其中的每一个无效的概率相乘，就是 $F_{val} = (1 - 0.60) \times (1 - 0.55) = 0.40 \times 0.45 = 0.18$。因此，在我们的例子中，两项专利都无效的概率是 18%。换句话说，我们的两项专利中至少一项专利能够经受有效性挑战的概率是 82%（1 - 0.18）。这是等式（35）或（36）对多专利组合的概括描述。

为简单起见，假设所有单个专利有效的概率相等（$F_{val}^j = F_{val}^1$），我们就有

$$F_{val} = 1 - (1 - F_{val}^1)^n \tag{37}$$

其中 n 是组合中的专利数量。由于使个别专利无效的概率总是小于1，因此专利数量增加时，使多于一项专利无效的可能性呈几何下降。例如，如果使单个专利无效的概率是 44%，则使两项专利组合的专利无效的概率为 $0.44 \times 0.44 = 0.19$（即 19%）；使三项专利组合中的所有三项专利都无效的概率是 $0.44^3 = 0.08$（即 8%）；而使十项专利组合中的所有专利无效的概率是 $0.44^{10} = 0.00025$（完全可以忽略不计）。

因此，就专利的可实施性而言，情况也是类似。因此我们得出，

$$F_{enf} = 1 - \prod_{j=1}^{n}(1 - F_{enf}^j) \tag{38}$$

而为了简单起见，假定所有单个专利的可实施性概率是相等的（$F_{enf}^j = F_{enf}'$，可得

$$F_{enf} = 1 - (1 - F_{enf}^1)^n \tag{39}$$

如果专利被认定可实施的概率 F_{enf}' 为 72%，则随着专利数量的增加，超过一项专利被宣布无法实施的概率下降得就非常快。在仅有三项专利的组合中，这一概率仅为 2.2%。但是，我们必须记住，如果发现发明人在专利局面前犯有不公正的行为（过去被称为对专利局的欺诈行为），或者如果专利所有人被认定

犯有涉及专利滥用的反垄断违规行为，法官可能（并经常）宣布整个相关专利家族乃至整个涉案专利组合无法执行。鉴于这一事实，以逐个专利为基础进行可实施性分析可能是不适用的，因此可能估算一个经受可实施性挑战的单一概率 F_{enf}。

至于侵权，证明组合中的任何一项专利（甚至是单个专利的单个权利要求）被侵权便足以确定其责任。因此，要避免承担侵权责任，被告需要成功地对每一个主张的专利（严格地说，每一个主张的专利的每一个权利要求）侵权进行抗辩。因此，不侵权的概率是每项专利的不侵权概率的乘积：

$$F_{inf} = 1 - \prod_{j=1}^{n} (1 - F_{inf}^j) \tag{40}$$

而同样为了简单起见，我们假设所有的单个概率都是相等的（$F_{inf}^j = F_{inf}^1$），我们由此得出

$$F_{inf} = 1 - (1 - F_{inf}^1)^n \tag{41}$$

当专利权人只主张一项专利时，成功证明侵权的概率为 28%；对于两项专利，机会提高至 47.5%；对于五项专利而言，这一机会会升至 80%，因为原告只需要证明至少有一项专利受到侵权即可。

上述计算都是基于事件独立性的假设：根据专利法，有效性、可实施性和侵权的问题是针对每个专利独立决定的（此外，有效性和侵权是按照逐一专利的基础来裁决的）。重要的是要记住，实际上，在陪审团审议期间，人类心理学扮演着与法律同等重要（甚至更重要）的角色。因此，陪审团（有时甚至是法官）倾向于将专利合并在一起，这破坏了统计事件独立性的假设。事实上，在 74% 的案件中，❶ 法官在有效性和侵权方面都支持同一方。陪审团在 86% 的案件中支持同一方。❷

原告要在专利侵权案件中胜诉，必须至少有一项专利被认定受到侵权、有效（不是无效）和可实施（不是不可实施）。这种事件发生的概率是一个给定的专利受到侵权的概率 F_{inf}、其有效的概率 F_{val} 以及其为是可实施的概率 F_{enf} 的乘积。

$$F^j = F_{inf}^j \times F_{val}^j \times F_{enf}^j \tag{42}$$

为了计算在案件中胜诉的总概率，我们需要回顾一下，当事件 A 和 B 不相互排斥时，任一个事件发生的概率由下式给出：

$$Pr(A\ or\ B) = Pr(A) + Pr(B) - Pr(A\ and\ B)$$

❶❷ MOORE K A. Judges, furies and patent cases: an empirical peek inside the black box [J]. Michigan Law Review, 2001 (99).

其中 Pr(A) 是事件 A 的概率，Pr(B) 是事件的概率（B），Pr（A 和 B）是两个事件发生的概率。

如果我们拥有双专利组合，那么在案件中胜诉的总概率 *F* 就是两项专利中至少有一项将被认定为有效、可实施和被侵害的概率之和减去两项专利被认定为有效、可实施并受到侵权的概率：

$$F = F^1 + F^2 - F^1 \times F^2 \tag{43}$$

或者

$$F = (F^1_{inf} \times F^1_{val} \times F^1_{enf}) + (F^2_{inf} \times F^2_{val} \times F^2_{enf})$$
$$- (F^1_{inf} \times F^1_{val} \times F^1_{enf}) \times (F^2_{inf} \times F^2_{val} \times F^2_{enf}) \tag{43*}$$

如果所有相应的概率 F^j_{inf}、F^j_{val} 以及 F^j_{enf} 可被假定对于组合中的每个专利都是相同的，因此等式（44）可被简化为：

$$F = 2 \times F_{inf} \times F_{val} \times F_{enf} - (F_{inf} \times F_{val} \times F_{enf})^2 \tag{44}$$

在三项专利组合中，事情变得稍微复杂一些。三个事件 A、B 和 C 联合概率的公式由下式给出：

$$Pr(A \cup B \cup C) = Pr(A) + Pr(B) + Pr(C) -$$
$$Pr(A \cap B) - Pr(A \cap C) - Pr(B \cap C) + Pr(A \cap B \cap C)$$

符号 ∪ 表示"或"，符号 ∩ 表示"和"。

如果我们拥有三项专利组合，那么在案件中胜诉的总概率 *F* 为：

$$F = (F^1 + F^2 + F^3) - (F^1 \times F^2) - (F^1 \times F^3) -$$
$$(F^2 \times F^3) + (F^1 \times F^2 \times F^3) \tag{43}$$

如前所述，由于确定一项专利的不可实施性通常会导致整个组合无法实施，仅仅证明组合中至少有一项专利是有效的、可实施的和受到侵权是不够的；原告也需要避免组合中的任何一项专利被认定不可实施。

因此，我们有：

$$F = [(F^1_{inf} \times F^1_{val} + F^2_{inf} \times F^2_{val} + F^3_{inf} \times F^3_{val})$$
$$- (F^1_{inf} \times F^1_{val} \times F^2_{inf} \times F^2_{val}) - (F^1_{inf} \times F^1_{val} \times F^3_{inf} \times F^3_{val})$$
$$- (F^2_{inf} \times F^2_{val} \times F^3_{inf} \times F^3_{val})$$
$$+ (F^1_{inf} \times F^1_{val} \times F^2_{inf} \times F^2_{val} \times F^3_{inf} \times F^3_{val})]$$
$$\times F^1_{inf} \times F^2_{enf} \times F^3_{enf}$$

可以预计，分析的复杂性随着组合的规模而增加。在某个点上，对于大型专利组合来说以逐个专利为基础进行这种分析变得不切合实际。可以用一个经验估算值来代替等式（32）中的概率 *F*。

专利组合净现值与收益率（IRR）

现在让我们考虑一个专利组合的重要经济指标：收益率或内部收益率（IRR）。

众所周知，产生年度现金流量 C_i 的投资的收益率或 IRR 是满足等式（45）的利率：

$$p = \sum_{i=1}^{n} \frac{C_i}{(1+\gamma)^i} \qquad (45)$$

其中 p 是支付的价格（或投资），C_i 是年度现金流量，y 是产量，n 是年数。产量通过试错方法来确定。

在专利组合的情况下，现金流量 C_i 相当于由专利组合所保证的专利垄断的年度价值：

$$C_i = AV_i(PP) \qquad (46)$$

现在让我们把注意力转向价格（或投资）p 上。传统上，专利成本 p 被认为是申请成本（包括起草和修改专利申请的成本）P_{pros} 和维护成本（包括支付给美国专利商标局的存档和发行费用）P_{main} 的总和：

$$p = P_{pros} + P_{main} \qquad (47)$$

这些数字是众所周知的。专利申请的费用为 8000 美元至 15000 美元（机械发明专利较低，生物技术专利较高）。在专利的整个生命周期中，对于一个所谓的大型实体美国专利的最低存档费、发行和维护费用为 9410 美元，小型实体美国专利的最低费用为 4622 美元。全球范围内的专利申请可能在其生命周期中花费超过 10 万美元。

然而，认为专利成本仅仅是专利申请和维护成本是错误的，为专利支付的真实价格包括对发明的公开。发明人有一个选择：保持发明的秘密或希望获得专利而披露它。如果保密的话，未公开的发明也是作为商业秘密受到保护的知识产权。

商业秘密的评估技术不属于本附录的范围。对于我们目前的讨论来说，重要的是理解商业秘密的价值是为获得专利而支付的价格的一部分。因此，我们将等式（47）改写为

$$p = PV(TS) + p_{pros} + p_{main} \qquad (48)$$

其中 $PV(TS)$ 是商业秘密 TS 的现值，因被换成专利组合中的组成专利而丧失。等式（49）现在呈以下形式：

$$PV(TS) + p_{pros} + p_{main} = \sum_{i=1}^{n} \frac{C_i}{(1 + \gamma)^i} \tag{49}$$

满足该等式的利率 y 给出了专利组合的收益率或内部收益率。

已知侵权事件的价值

在发生专利侵权时，专利的垄断受到妨碍。除非获得恢复垄断的永久性禁令，否则本书得出的方法不再适用。如果没有禁令作为补救措施，专利或专利组合的价值可能只相当于通过诉讼所获得赔偿减去诉讼费用。

诉讼费用可以根据众所周知的统计数据进行预测。对于在 1 美元至 2500 万美元的小型案件，美国专利诉讼的平均成本为 250 万美元。对于损失超过 2500 万美元的较大案件，诉讼费用中位数为 550 万美元。❶ 这些统计数据也可以按不同的州来获得。

---

❶ 参见网址 www. patstats. org。

附录 *G*
发明披露表

1. 构思发明的每个人的全名、地址和电话号码。

2. 发明的一般主题和目的，包括对要解决的问题的解释以及现有技术的缺陷。

3. 对本发明的描述，可能包括的情况。

a. 图纸、照片、图表、测试结果等。

b. 对每个新颖的特征的识别。

c. 解释这些新颖性特征是如何优于现有技术的。

d. 对本发明的任何当前预期的修改、变更、改进或扩展的描述。

4. 对最接近的已知现有技术的描述（如果有的话，附上现有技术文件的副本）。

根据需要附上额外的连续编号页面，每页都应有如下发明人和证人的签名：

发明人签名和日期：

—————————   —————————

—————————   —————————

—————————   —————————

已阅读和理解该发明的见证人签名：

—————————   —————————

—————————   —————————

此模板可用于分期支付许可费协议或预付费许可协议。只有第 3 节"支付"才会根据所使用的协议类型而改变。

非排他性有限专利许可协议

本协议（以下简称"协议"）由主要办事机构位于_____的许可方公司（以下简称"许可方"）与主要办事机构位于_____的_____公司（以下简称"被许可方"）共同签署。

兹证明如下：

鉴于，许可方是美国专利号：_____（以下统称为"许可专利"）全部权利、所有权和利益的所有者；

鉴于，被许可方从事制造和销售业务，并希望获得非排他性许可，用于制造、使用和销售产品，并实施许可证所涵盖的发明专利；

鉴于，被许可方已制造并销售某些产品［如果适用］；

鉴于，被许可方同意许可专利有效并可实施［如果适用］；

鉴于，被许可方同意被许可方制造、销售和/或出售的某些产品侵犯了许可专利［如果适用］；

鉴于，许可方和被许可方希望签订涉及许可专利的许可协议；

鉴于，许可方有权根据许可专利向被许可方授予非排他性许可，并且愿意根据本协议中所述的条款和条件行事。

因此，鉴于前文所述协议和下面所述的契约，并出于其他良好而有价值的考虑，特此确认，双方同意如下内容：

1. 定义

1.1 许可专利。本协议中使用的"许可专利"系指在未来通过许可专利（包括其任何外国对应物）的任何重新授权、复审、分案、续展而授予的任何专利。

1.2 区域。本协议所称"区域"系指美国及其领土和领地。［如果外国专利获得许可，应包括各自的国家。］

1.3 生效日期。"生效日期"是指_____。

1.4 期限。本协议中使用的"期限"系指自生效之日起至许可专利中最后一个期限届满或本协议终止的期间，以两者中最先发生的为准。本协议如未提前终止，则在本协议期满时终止。

1.5 许可产品。本协议中使用的"许可产品"是指被许可方制造、使用、进口、销售或许诺销售的某些_____，包括但不限于_____。

1.6 过去的产品。本协议中使用的"过去的产品"系指被许可方在本协议生效日期之前制造或销售的许可产品。

2. 许可证

2.1 许可证授予。根据本协议的条款和条件以及被许可方对其在本协议下的义务的适当履行以及依赖于本协议中规定的被许可方的陈述和保证，许可方特此向被许可方授予在规定的领域一种个人性的、非专有的、不可转让的有限许可，用于制造、使用、进口、许诺销售许可产品和过去的产品，并无权再进行分许可。本许可证不适用于任何第三方子公司、部门或在生效日期之后收购的任何实体。

2.2 基础。上述许可仅根据许可专利予以授予，不存在任何明示或暗示的许可方的任何其他专利或知识产权许可的授予。

2.3 标记。在本协议期限内，被许可方应在许可产品上附加一份大体形式为"美国专利号_____"的声明。被许可方应向许可方提供其许可产品的样品，证明其在本协议项下具有适当的标记。许可方有权不时地在接到许可方书面通知后的合理时间内检查被许可方的许可产品，以确定被许可方是否按照本条规定进行标记。

2.4 过去的销售。根据本协议的条款和条件以及被许可方履行第 3.1 条所要求的付款义务的规定，许可方特此授予被许可方在所有过去的产品上的许可专利项下的非排他性有限许可。

3. 支付［用于分期支付许可费协议］

3.1 过去的产品。对于本协议中授予的与被许可方过去的产品相关的权利，被许可方应当自生效之日起立即向许可方支付其在自生效日期起前六年期间的每一种过去的产品净销售额（定义为总销售额减去退货和折扣）的百分之_____（_____%）过去的许可费。

3.2 分期支付许可费

3.2.1 <u>许可费的支付</u>。对于本协议中授予的权利，并在下述第 3.2.2 条的约束下，被许可方应向许可方就被许可方在协议区域内制造、使用或销售的或被许可方进口到协议区域的每一许可产品支付_____（_____%）的许可费。

3.2.2 依无效或不可实施的许可费终止。如果所有许可专利均被视为无效或不可实施，则应终止许可费的支付。如果具有司法管辖权的法院或法庭作出此类裁定，并且因该裁定不能通过上诉或用尽所有可允许的请求或重新审理或复审的申请进行进一步的审查而成为最终裁定，则许可专利将被视为无效或不可实施。

3.3 权责发生制。分摊到某一单位许可产品上的分期许可费应在该单位产品被发运或开具发票给被许可方客户的当天发生，以先发生的日期为准。

3.4 支付。向许可方支付的所有许可费均由被许可方按季度支付，第一季度为1月1日至3月31日，第二季度为4月1日至6月30日，第三季度为7月1日至9月30日，第四季度为10月1日至12月31日。许可费的支付应在不迟于支付相关期间结束后的第三十天（"到期日"）向许可方支付。上述定义的每笔许可费应受制于并且不低于每季度_____（$ _____）美元的最低许可费。

3.5 会计报表。被许可方应在到期日或之前每季度向许可方提供本协议项下付给许可方的许可费报告书（该术语在第3.4条中定义），载明许可方在该期间应付给许可方的金额，并合理详细地说明计算金额的事实依据。

3.6 利息。在符合任何适用的高利贷法律规定的情况下，在应付款项到期十天后发生每年百分之_____（_____%）的利息，从到期日起至付款为止以日复利计算。

3.7 账簿、记录和审计。被许可方应保存包括与本协议有关的所有交易的完整和准确的账簿和记录。被许可方应在材料所涉及的截止日期之后的三年期间保存此类账簿和记录。许可方接受本协议项下的会计报表或付款并不妨碍许可方挑战或质疑其准确性。在有效期内及之后的一年内，许可方可在向被许可方发出书面合理通知后，对被许可方的账簿和记录进行独立审核，以核实本协议下的会计报表。并应由适当的一方迅速进行调整，以补偿审计中披露的任何错误。审计工作必须由独立会计师在正常工作时间内进行，并以合理的方式进行，以免干扰正常的业务活动。本合同项下的审计不得超过每年一次。在进行任何审计之前，审计师必须声明，审计师的费用不会由审计结果决定，并且必须同意对审计人员获得的所有机密材料保密。许可方将承担审计的所有费用，但如果审计显示任何季度超过5%的未付款，被许可方应支付所有这些费用。被许可方应提供任何新的_____样本和/或其完整的书面说明，从而足

知识产权精要：法律、经济与战略（第2版）

以使许可方确定此类产品是否在许可专利的权利要求范围之内。

3.8 专利有效性和侵权。被许可方承认并同意许可的专利是有效的和可实施的。[如适用：被许可方进一步确认获悉许可产品侵犯了许可专利。被许可方承认其侵犯了许可专利，该侵权行为应通过本协议项下授予的许可予以纠正。]

3.9 互不侵权。被许可方不得在任何时候，直接或间接地反对许可专利的授予，或质疑许可专利的有效性或可实施性，也不得在任何针对许可专利中所包含的任何专利或权利要求进行的诉讼、索赔、反诉或抗辩中进行任何合作。

3.10 保密。许可方和被许可方确认，被许可方根据本协议实际向许可方支付的金额是与本协议以及许可方和被许可方业务相关的机密和专有信息。因此，双方同意各自应将该信息保密，不得向任何第三方（需要了解该信息的代理人或代表除外）披露或允许披露该信息。但是，许可方有权披露许可方和被许可方已签订本协议中规定的许可费率，被许可方正在为过去的产品支付费用，以及被许可方已经同意许可专利的有效性、可实施性和侵权。

3. 支付［用于预付费许可协议］

3.1 预付费许可。对于本协议中授予的权利，被许可方应无条件向许可方支付一次性许可费_____和00/100美元（$_____.00），该费用应在生效日立即到期，并应在生效日的三天内支付。

3.2 专利有效性与侵权。被许可方承认并同意许可的专利是有效的和可实施的。［如适用：被许可方进一步确认获悉许可产品侵犯许可专利。被许可方承认其侵犯了许可专利，该侵权行为应通过本协议项下授予的许可予以纠正。]

3.3 互不侵权。任何时候被许可方均不得直接或间接地反对授予或质疑许可的有效性或可实施性，也不得在针对许可专利所包括的任何专利或权利要求的诉讼、索赔、反诉或抗辩中进行任何合作。

3.4 保密。许可方和被许可方确认，被许可方根据本协议实际向许可方支付的金额是与本协议以及许可方和被许可方业务相关的机密和专有信息。因此，双方同意各自应将该信息保密，不得向任何第三方披露或允许其披露。（除非是向需要了解此类信息的代理人或代表披露。）但是，许可方有权披露许可方和被许可方已签订本协议中规定的特许权使用费率，被许可方正在为过去的产品支付费用，以及被许可方已经同意许可专利的有效性、可实施性和侵权。

4. 赔偿

4.1 被许可方赔偿。被许可方应在本协议有效期内及之后的任何时间，对许可方及其董事、高级职员、雇员和关联方进行赔偿、辩护，并使其免受任何形式的索赔、诉讼、要求和责任的损害，包括因死亡或任何人身或任何财产伤害引起的，或因许可产品或过去产品的生产、制造、销售、使用、租赁或广告引起的，或因被许可方根据本协议的任何义务引起的损害，包括法律费用和合理的律师费用。

4.2 许可方赔偿。许可方应在本协议有效期内及之后的任何时间，对被许可方及其董事、高级职员、雇员和关联方进行赔偿、辩护，并使其免受因违反许可方在本协议中明确规定的任何陈述、保证或契约而产生的任何形式的索赔、诉讼、要求和责任的损害，包括法律费用和合理的律师费。

5. 终止

5.1 由许可方终止。除许可方可能拥有的所有其他补救措施外，许可方可在以下情况下终止本协议和本协议中授予的许可：

a. 被许可方拖欠其支付给许可方的款项，并且在本协议生效后的三十天内，该违约仍未得到纠正；

b. 被许可方未能履行任何重大义务、保证、义务或责任，或就被许可方在本协议项下承担的任何条款或条件违约，且该等违约在许可方书面通知被许可方后三十天内仍未得到补救；

c. 被许可方被清算或解散；

d. 为债权人利益而转让被许可方业务的；

e. 被许可方清算其大部分业务或进行基本上所有资产的遇险销售；

f. 指定接管人或类似官员负责接管被许可方的大部分资产；

g. 被许可方无法在到期时偿还债务；

h. 任何破产申请均由或者针对被许可方提出，该状况持续六十天未被解除的。

5.2 由被许可方终止。如果所有许可专利被任何具有管辖权的法院或仲裁庭确定为无效或无法实施，并且该决定因无法通过上诉或用尽所有允许的请愿或复审或复审申请进一步审查而成为最终裁决，则被许可方可以随意终止本协议，并且不再承担本协议项下任何其他义务。

5.3 终止的效果。本协议终止后，被许可方不得拥有许可专利。

5.4 终止时不可解除义务。以任何理由终止本协议都不得免除或终止许可方或被许可方因终止之日产生的任何义务或责任（包括但不限于在终止之日赔偿或支付任何欠下的款项的义务）。

6. 许可方的声明和保证

6.1 授予许可的权利。许可方声明并保证许可方有权授予本协议中授予被许可方的许可，并且本协议和本协议中授予的许可不会与许可方作为当事方的任何协议的条款相冲突。

6.2 免责声明。除本协议另有明确规定外，许可方及其董事、高级职员、雇员和代理人不作任何声明和任何形式的明示或暗示的保证。特别地，但不限于，本协议中的任何内容均不应被理解为：

a. 许可方对许可专利的有效性或范围的保证或陈述；

b. 许可方在本协议授予的任何许可下制造、使用、销售或以其他方式处理的任何产品的质保或代理，将不受第三方专利的侵犯；

c. 许可方承担对第三方对许可专利或其他专有权利的侵权行为提起或起诉的义务；

d. 许可方提供任何制造或技术信息的义务；

e. 通过暗示、禁止反悔或其他方式授予许可专利以外的任何许可或权利；

f. 许可方承担许可产品的使用、销售或其他处置方面的任何责任。

6.3 责任范围。在任何情况下，许可方及其董事、高级职员、雇员和附属机构均不应对任何形式的附带或后续损害承担责任，包括经济损失或财产损失和利润损失，无论许可方是否知悉、应有其他理由知道，或事实上应知道这种可能性。

7. 被许可方的声明和保证

被许可方声明并保证被许可方有权签署本协议，本协议及本协议项下授予的许可的行使不会与被许可方为缔约方的任何协议条款相冲突。除本协议另有明确规定外，被许可方及其董事、高级职员、雇员和代理人均不得作出任何明示或暗示的声明和保证。特别是，但不限于，本协议中的任何内容均不应被视为被许可方提供任何制造或技术信息的义务。

8. 各方的关系

本协议中的任何内容均不得解释为构成合伙人或合资企业的当事人或构成另一方的代理人，也不得视为存在任何类似关系。任何一方均不得以违反本款规定的方式置身事外，而且任何一方均不得以违反本款规定的另一方的陈述、作为或不作为为由承担责任。本协议不为任何第三方的利益，也不应被视为给予任何该等方任何权利或救济，无论该等方是否在本协议中提及。

9. 转让

9.1 不许转让。本协议、授予被许可方的权利以及被许可方的责任和义务均属于被许可方个人，被许可方同意不会出售、转让、抵押、质押或抵消任何此类权利的全部或部分，或将其在本协议项下的任何义务或义务委托给被许可方；被许可方不得通过实施法律将其任何权利或义务转让或委托给任何第三方。违反上述判决的任何声称的转让或委托均无效，因此本协议无须许可方另行通知即可终止。在本条的范围内，转让应包括转让被许可方的全部资产，或转让被许可方有表决权股份的多数权益，或被许可方与一个或多个第三方重组。

9.2 对继任者的约束力。本协议将保证许可方、其继承人和受让人的利益，并对其具有约束力。

10. 争议解决

10.1 许可费争议的仲裁

a. 许可方和被许可方之间就本协议项下应向许可方支付的许可费金额发生的任何争议，均应按照本附录第10条的规定和当时适用的美国仲裁协会（"协会"）规则提交具有约束力的仲裁。仲裁裁决的判决可以在任何有管辖权的法院作出。

b. 仲裁员的权力仅限于通过确定被许可方在本协议项下所欠的许可费或应获得的信贷（如果有的话）来解决特定问题。仲裁员的权力不得延及其他任何事项。其他一切争议应在有管辖权的法院提起诉讼。

c. 仲裁委员会或仲裁庭仅由中立的仲裁员组成。

d. 双方同意，本协议项下的仲裁程序不应以任何一方或双方为一方的未决诉讼为依据。

10.2 救济措施。除本协议另有明确规定外，本协议中规定的所有具体救济均是累积的，并不排除彼此或制定法或衡平法中可用的任何其他救济措施。

11. 权利和权限的限制

11.1 权利的限制。除本协议中有明确规定外，许可专利中的任何权利或专有权均未授予被许可方，或由被许可方接受或承担。

11.2 权限的限制。在任何方面，任何一方均不得被视为另一方的代理人或代表，任何一方均无权以任何方式承担另一方的任何义务或以任何方式向另一方作出承诺。

12. 其他事项

12.1 时间的计算。本协议中规定的任何行为的发生时间应通过排除第一天和包括最后一天计算，除非最后一天是星期六、星期日或法定假日，此时也应予排除。

12.2 通知。与本协议有关的所有通知均应以书面形式发出，并应在收件人实际收到时视为送达。通知应以电传或传真亲自递送或发送（以挂号或挂号的邮资预付航空邮件即时确认）或通过注册或认证的邮资预付航空邮件的方式，寄往以下被通知方地址，或者对方指定的其他地址：

许可方：

_____

_____

_____

知会：_____

电话：_____

传真：_____

被许可方：

_____

_____

_____

知会：_____

电话：_____

传真：_____

12.3　有效期。本协议有关支付义务、保密、赔偿、救济和仲裁的条款在本协议期满或终止后仍然有效。

12.4　可分割性。如果本协议的任何条款被有管辖权的法院宣布为无效、非法、不可执行或无效，则双方应解除根据该条款产生的所有义务，但前提是该条款无效、非法、不可执行或无效。如果本协议的其余部分能够有效履行，则未受如此影响的每一项规定应在法律允许的范围内得到执行。

12.5　弃权和修改。除非双方以书面签署，否则对本协议任何条款的任何修改均无效。任何一方对违反本协议的弃权，都不会被视为该方对后续违约的弃权。

12.6　标题。本协议的标题仅供参考，不得因为该方或其律师起草了该条款以任何方式控制本协议的含义或解释。

12.7　解释。本协议的任何条款均不得因为该方或其律师起草了该条款而以有利于任何一方的方式进行解释。

12.8　适用法律。本协议应按照_____国法律理解、管辖、解释和适用。

12.9　无其他协议。各方代表在签订本协议时，不依赖本协议中未明确规定的承诺、诱导或其他协议，他们已经阅读本协议并与各自的法律顾问进行了彻底的讨论，他们理解本协议的所有条款并打算受其约束，并且他们自愿签订本协议。

12.10 完整协议。本协议构成双方之间关于条款和条件的完整和排他性的声明,该声明取代并合并了双方之间关于本协议主题的所有先前的提议、谅解以及所有其他口头和书面协议。

12.11 副本。本协议一式两份,共同构成一份文件。

兹证明,双方已正式授权代表签署本协议。

［被许可方］代表

＿＿＿＿＿＿＿＿＿＿

签署日期:＿＿＿＿＿＿, 20＿＿＿＿＿＿

签署人:＿＿＿＿＿＿＿＿＿

职务:＿＿＿＿＿＿＿＿＿＿

［被许可方］代表

＿＿＿＿＿＿＿＿＿＿

签署日期:＿＿＿＿＿＿, 20＿＿＿＿＿＿

签署人:＿＿＿＿＿＿＿＿＿

职务:＿＿＿＿＿＿＿＿＿＿

参考文献

[1] MOORE K A. Judges, juries, and patent cases: an empirical peek inside the black box [J]. Michigan Law Review, 2001 (99).

[2] QUINN E R. Using alternative dispute resolution to resolve patent litigation: a survey of patent litigators [J]. Marquette Intell. Prop. L. Rev, 1999 (3): 77.

[3] SMITH G V, RUSSELL L P. Valuation of intellectual property and intangible assets [M]. New York: John Wiley & Sons, 1989.

[4] STEWART T A. Intellectual capital: the new wealth of organizations [M]. New York: Doubleday/Currency, 1997.

[5] VERMONT S. Business risk analysis: the economics of patent litigation [M] //BRUCE B. From ideas to assets: investing wisely in intellectual, property. New York: John Wiley & Sons, 2001.

延伸阅读

[1] BERMAN B. From ideas to assets: investing wisely in intellectual property [M]. New York: John Wiley & Sons, 2001.

[2] CHISUM D S, CRAIG A N, HERBERT F. S, PAULINE N, KIEFF F. S. Principles of patent law [M]. New York: Foundation Press, 1998.

[3] DAVIS J L, SUZANNE S H. Edison in the boardroom [M]. New York: John Wiley & Sons, 2000.

[4] RIVETTE K G, DAVID K. Rembrandts in the attic [M]. Boston: Harvard Business School Press, 2000.

[5] SHULMAN S. Owning the Future [M]. New York: Houghton Mifflin, 1999.

[6] SMITH G V, RUSSELL L P. Valuation of intellectual property and intangible assets [M]. New York: John Wiley & Sons, 1989.

[7] STEWART T A. Intellectual capital: the new wealth of organizations [M]. New York: Doubleday/Currency, 1997.

[8] SULLIVAN P H. Profiting from intellectual capital: extracting value from innovation [M]. New York: John Wiley & Sons, 1998.

原版词汇索引

说明：本索引的编制格式为原版词汇＋中文译文＋原版页码。

图表索引